Ursula Martin

Im Bewußtsein weiblicher Art leben und arbeiten

Frauenstudium und
Jenaer Studentinnenverein bis 1918

Impressum

HERAUSGEBER:
Städtische Museen Jena
in der Reihe „Dokumentation" Band 5

REDAKTION:
Ursula Martin
„Im Bewußtsein weiblicher Art leben und arbeiten"
Frauenstudium und
Jenaer Studentinnenverein bis 1918

GESTALTUNG:
Bernd Adam

DTP-BELICHTUNG:
SatzStudio Sommer

HERSTELLUNG:
PögeDruck Leipzig

COPYRIGHT © 1997
by Städtische Museen Jena
07743 Jena, Markt 7

1. Auflage

ISBN 3-930128-33-0

Inhalt

Vorwort

Das Sichten der im Jenaer Stadtarchiv aufbewahrten Dokumente zur Vereinsgeschichte im Rahmen eines ABM-Projektes führte zur Entdeckung der annähernd vollständig erhaltenen schriftlichen Hinterlassenschaft des Jenaer Studentinnenvereins. Bei der Beschäftigung mit den Protokollbüchern, in denen jede Zusammenkunft der Vereinsmitglieder zum Teil sehr ausführlich beschrieben ist, und nicht zuletzt beim Lesen des Hauptbuches mit den eingetragenen Mitgliedern, unter denen sich die ersten Jenaer Studentinnen befinden, entstand der Plan, dieses bisher noch unerforschte Kapitel Jenaer Geistesgeschichte aufzuarbeiten. Wie der Verein sich in ein vielfältiges Beziehungsgeflecht innerhalb der städtischen und Universitätsstrukturen einordnet, wie seine Mitglieder mit der Frauenfrage als sozialer Frage umgehen – das ist ebenso Thema dieser Schrift wie eine Untersuchung zur sozialen Herkunft der in Jena ansässigen Studentinnen in den Jahren 1902 bis 1918, die hier erstmals veröffentlicht wird.

Ein ausführliches Personenregister stellt diejenigen Studentinnen vor, deren Bildungsweg und/oder soziale Herkunft anhand des Hauptbuches, der Inskriptionsbücher der Universität Jena und der Jenaer Adreßbücher ermittelt werden konnten. Veröffentlichungen der Mitglieder des Studentinnenvereins in der Zeitschrift „Die Studentin" runden die Darstellung ab.

Die Autorin dankt in erster Linie den Mitarbeitern des Stadtmuseums sowie des Stadt- und Universitätsarchivs Jena, ferner Petra Weigel-Schieck und ganz besonders Dr. Meike Werner, die wesentliche Hinweise gab, für die gute Zusammenarbeit, die diese Publikation ermöglicht hat.

Die Ersten

Im April des Jahres 1904 erreicht das Dekanat der philosophischen Fakultät der Brief einer Miss M. Rowena Morse, Berlin. Die gebürtige Amerikanerin, Enkeltochter des Samuel Finley Breese Morse, der 1837 den elektromagnetischen Telegraphen erfunden hat,[1] bringt darin ihren Willen zum Ausdruck, im Sommersemester an der Jenaer Universität promoviert zu werden. Der Ton des Schreibens ist ehrerbietig, die Doktorarbeit liege schon vor, eine kritische Stellungnahme zum Werk Locke's. *„Ist das Thema der Arbeit angenehm und soll ich dieselbe zur Untersuchung vorausschicken ?"*[2]

1   Universitätshauptgebäude, Innenhof

Die Antwort erfolgt umgehend: *„Damen können zur Promotion in der hiesigen philosophischen Fakultät nur dann zugelassen werden, wenn sie das Reifezeugnis eines Gymnasiums, Realgymnasiums oder Oberrealschule – je nach dem Hauptfach – besitzen ... Ausländerinnen, die kein deutsches Reifezeugnis besitzen, müssen von der Regierung die Erlaubnis zur Promotion haben, die nur dann gewährt wird, wenn die Vorbildung als der deutschen gleichwertig anzusehen ist. Ob das der Fall ist, entscheidet die Fakultät in jedem Fall besonders ... "*[3]

Rowena Morse, die in den Staaten bereits an einer High-School unterrichtet hat, erreicht per Ministerialverfügung, daß ihre Vorbildung als gleichwertig anerkannt wird. Am 30. Juli 1904 wird sie mit dem Prädikat „magna cum laude"[4] als erste Frau an der Jenaer Universität zum Doktor der Philosophie promoviert.

Die Studentinnen an der philosophischen Fakultät, denen das spektakuläre Ereignis bekannt wird, Ella Delbrück, Tochter des Dekans der philosophischen Fakultät, Antonie Ludewig und die anderen werden bislang im Status von Gasthörerinnen gehalten[5] (bedingte Zulassung). Seit 1902 sind Frauen in Jena zwar zugelassen, aber nur an der philosophischen Fakultät und nur mit besonderer Genehmigung. Das bedeutet, Professoren können die Genehmigung auch verweigern, und darüber hinaus ist es den Frauen nicht gestattet, die akademischen Sammlungen zu nutzen.[6] Von der Promotion der Amerikanerin Rowena Morse bis zur Immatrikulation der ersten Frauen vergehen noch einmal drei Jahre. Dann erst, im Jahre 1907,[7] dürfen sich Frauen als akademische Vollbürgerinnen in die Matrikel der Jenaer Universität eintragen und das Studium ohne Einschränkungen an allen vier Fakultäten – der philosophischen, juristischen, theologischen und medizinischen Fakultät – belegen. Wesentlich zu dieser Entscheidung bei-

[1] Vgl. Koch, Herbert. Jenas Entwicklung während der Amtszeit des Oberbürgermeisters Dr. Heinrich Singer. Stadtarchiv Jena. Adreßbuch der Residenz- und Universitätsstadt Jena. Sechsunddreißigste Folge. Jena 1927/28. S. 5.

[2] UAJ. Bestand M 514/1. Bl. 216.

[3] Ebda. Bl. 217.

[4] Ebda. Bl. 224.

[5] Die Jenaische Zeitung berichtet in ihrer Ausgabe vom 20. Januar 1904 von 25 eingetragenen Hörerinnen an der Jenaer Universität im laufenden Winterhalbjahr.

[6] Vgl. Arnold, Leni: Vor achtzig Jahren - Beginn des Frauenstudiums in Jena. Aus den Akten des Universitätsarchivs. In: UZ Nr.13. 1987. S. 3 f.

[7] UAJ. Bestand C 1180. Bl. 10.

getragen hat der Jenaer Verein „Frauenbildung-Frauenstudium".[8] Damit ist die thüringische Landesuniversität Jena zwar nicht die letzte im Deutschen Reich, die Frauen das Studium gestattet (das wird 1909 die Universität Rostock in Mecklenburg sein), aber die thüringische Alma Mater entschließt sich doch sehr spät zu diesem Zugeständnis.[9] Daß Frauen die Aufnahme eines Studiums auch nach dem Jahre 1907 noch erschwert wird, geht aus folgender Anfrage hervor. Am 30. Oktober 1908 schreibt Käthe Rassow an den Kurator der Universität, den Wirklichen Geheimen Rat Heinrich Eggeling: *„Ew. Exzellenz, bitte ich ganz ergebenst, mir auf Grund meines in Preußen erworbenen Lehrerinnenzeugnisses für höhere Mädchenschulen die Immatrikulation an der hiesigen Universität gütigst gestatten zu wollen. Ich bin in Jena ansässig und wohne bei meinem Vater, dem Schuldirektor a.D. Rassow. Hochachtungsvoll ... "*[10] Käthe Rassow wird im Antwortschreiben aus dem Großherzoglichen Sächsischen Staatsministerium in Weimar vom 3. November 1908 eröffnet, daß ihrer Zulassung als H ö r e r i n nichts im Wege steht, wenn sie nachweist, daß sie die Staatsangehörigkeit des Großherzogtums oder eines der Sächsischen Herzogtümer erworben hat.[11] Sie ist eine der vierzig Lehrerinnen, die im Zeitraum von 1902 bis 1918 die Jenaer Universität mit dem Ziel besuchen, die Oberlehrerinnenprüfung zu bestehen.

[8] Vgl. Arnold, Leni. A.a.O.

[9] Lexikon der deutschen Geschichte. Stuttgart 1983. S. 381.

[10] UAJ. Bestand C 1180. Bl. 3026.

[11] UAJ. Ebda. Bl. 3067.

[12] Kirchhoff, Arthur (Hrsg.). Die akademische Frau. Berlin 1897. S. 151.

[13] Ebda. S. 213.

[14] Ebda. S. 33.

[15] Ebda. S. 34.

[16] Ebda. S. 76.

Frauenstudium im Urteil der Akademiker

„Ich kann eine solche Versagung (des Zugangs zu den Universitäten, U.M.) *mit meinen Begriffen von Gerechtigkeit nicht vereinbaren ...*[12], konstatierte bereits Jahre zuvor der über Deutschlands Grenzen hinaus bekannte Philosoph Rudolf Eucken, der Rowena Morse in Philosophie geprüft und das Ergebnis als „recht gut" bezeichnet hat. Auch Berthold Delbrück, Philologe und Sprachwissenschaftler, der als Dekan der philosophischen Fakultät neben Eucken die Promotionsurkunde Rowena Morse's unterzeichnet, kommt schon 1897 zu dem Schluß: *„Irgendein praktisches Bedenken gegen den Vorschlag, junge Damen mit Studenten zusammen dieselben Vorlesungen über Sanskrit und Sprachvergleichung hören ... zu lassen, sehe ich nicht."*[13] Ganz anders dagegen argumentiert der Jenaer Mediziner Karl von Bardeleben: *„Störend auf das Studium muß dann natürlich wirken die Menstruation mit ihren Begleiterscheinungen, zumal in der Pubertät ... "*[14] Und weiter: *„Daß die Begabung des Weibes für das Studium ... im Durchschnitt eine g e r i n g e r e ist, als die der Männer, ist wohl allgemein anerkannt."*[15]

Noch ablehnender reagiert Franz Riegel, Mediziner aus Gießen: *„Wenn an dem Kampf ums Dasein ... auch noch die Frauen mit den Männern in den Wettkampf eintreten, dann wird die Zahl der Männer, denen es vergönnt ist, sich einen eigenen Herd zu gründen, noch mehr denn jetzt abnehmen ... Der Frauen höchstes Ziel muß der häusliche Herd, das Familienleben bleiben, soll anders die Weltordnung nicht verschoben werden."*[16]

Damit formuliert Riegel, was nicht nur er, sondern die meisten seiner (akademischen) Zeitgenossen fürchten: daß der Konkurrenzkampf zwischen den Geschlechtern die bisher unangefochtene Stellung des Mannes gefährden wird. Der

Verweis auf Heim und Herd als einzige weibliche Lebensaufgabe entspricht zu diesem Zeitpunkt längst nicht mehr der Realität. Zahlreiche alleinstehende Frauen nicht nur der Unter-, sondern zunehmend auch der Mittelschichten sind gezwungen, sich ihren Lebensunterhalt in meist schlecht bezahlten Berufen zu verdienen und sich zudem noch, wenn sie den begehrten Lehrerinnenberuf ergriffen haben, zum Zölibat zu verpflichten (was allerdings allgemein akzeptiert wird).[17]

Die Frauenfrage

In der Tat, der Kampf der Frauen um die Zulassung zum wissenschaftlichen Studium an den deutschen Universitäten ist nur ein Teil der sogenannten Frauenfrage, resultierend aus dem gesamtgesellschaftlichen Umbruch zur Zeit der rapiden technisch-industriellen Modernisierung im letzten Drittel des 19. Jahrhunderts.

Spätestens seit den neunziger Jahren hat sich die Stellung der Frau in der Gesellschaft grundlegend verändert. Die hauswirtschaftliche Produktion, für die in der arbeitsteiligen Gesellschaft beinahe ausschließlich die Frau zuständig war, existiert nur noch in sehr eingeschränkter Form. Was die Familie braucht, wird zunehmend auf dem Markt, in den Läden oder Warenhäusern der rasch wachsenden Städte gekauft und nicht mehr selbst hergestellt. Dadurch verändert und verengt sich der Wirkungskreis vornehmlich der bürgerlichen Frau, was durchaus als Verlust empfunden wird.[18] Die Frau des Arbeiters, dessen Lohn zur Ernährung der Familie nicht ausreicht, geht für acht bis fünfzehn Mark die Woche in die Fabrik[19] und hilft als unterbezahlte Arbeitskraft, den Lohn des Mannes niedrig zu halten – ein immer wieder angeführtes Argument gegen die Frauenarbeit.[20] Ist die Frau Witwe oder alleinstehend und hat für Kinder zu sorgen, bleibt die Not ein ständiger Gast. Trotz steigender Gewinne fühlt kaum ein Unternehmer seinen Arbeitern gegenüber eine soziale Verpflichtung. Als der Universitätsprofessor und Unternehmer Ernst Abbe 1889 in Jena mit der Gründung der Carl-Zeiss-Stiftung die finanziellen und rechtlichen Voraussetzungen für seine sozial-liberalen Ideen einer humanen Industrialisierung schafft, wird er von der Unternehmerschaft heftig angegriffen. Die Einführung des Achtstundentags für die Arbeiterschaft der Zeiss- und Schottwerke ab dem Jahre 1900 und andere soziale Rechte, wie z.B. bezahlter Urlaub und Altersversorgung, sind äußerst ungewöhnlich in einer von Profitgier und Expansionsbestrebungen geprägten Zeit.[21] Die Frau des Zeissarbeiters allerdings bleibt daheim – das entspricht dem Ideal des Facharbeiters, dessen Lebensweise sich an den Normen und Werten der Mittelschicht orientiert.

[17] Vgl. Nipperdey, Thomas. Deutsche Geschichte. München 1990. S. 82.

[18] Vgl. Nipperdey,Thomas. A.a.O. S. 73 ff.

[19] Vgl. Chronik der Deutschen. Dortmund 1983. S. 663.

[20] Vgl. Pierstorff, Julius. Frauenarbeit und Frauenfrage. Jena 1900. S. 23.

[21] Vgl. John, Wahl (Hrsg.). Zwischen Konvention und Avantgarde. Weimar, Köln 1995. S. XXI ff.

Mädchen der Mittelschicht

Wie aber fühlt sich die Frau der bürgerlichen Mittelschicht in ihrer mehr oder weniger abgeschlossenen Häuslichkeit? Welche Entfaltungsmöglichkeiten bietet der städtische Haushalt einem heranwachsenden Mädchen? Letzlich nicht viele, die ein geistig interessiertes junges Mädchen zufriedenstellen könnten. Ist die Familie ohne Vermögen, doch bestrebt, nach außen einen angehobenen Lebensstil vorzutäuschen, hofft die Tochter des Hauses oft vergebens auf einen Freier, um ihre vorgeblich einzige Lebensaufgabe zu erfüllen, nämlich Ehefrau, Hausfrau und Mutter zu sein. Zwar sind Bewerber aus den mittleren bis oberen Schichten willkommen, doch ziehen sie es in der Regel vor, um die Hand begüterter Mädchen anzuhalten. Und eher unvermögende Männer aus der unteren Mittelschicht kommen als potentielle Ehegatten nicht in Frage, das verbietet der Standesdünkel. Aus dieser Zwangslage, die immer häufiger als eine bedrückende Sinnentleerung weiblich-bürgerlichen Daseins erfahren wird und nach dem Tod des Vaters etwa, des Ernährers der Familie, zu einem akuten Notstand führen kann, muß ein Ausweg gesucht werden. [22]

Allmählich rückt um die Jahrhundertwende auch im thüringischen Großherzogtum Sachsen-Weimar-Eisenach ins öffentliche Bewußtsein, was den eigentlichen Widerspruch ausmacht zwischen konventionellem Lebensmuster in einem Dasein als Gattin, Hausfrau und Mutter (das zwar zumeist angestrebt, aber nicht oder noch nicht erreicht wird) und einem weiterreichenden geistigen Lebensanspruch der Frau. Es ist der Konflikt des heranwachsenden bürgerlichen Mädchens zwischen einem oftmals als schmarotzerhaft empfundenen Dasein in der häuslichen Enge und der Sehnsucht nach einem erfüllten Leben. [23]

Daß nicht nur dieser geistige Notstand, sondern häufig auch die pure soziale Not das Streben nach Unabhängigkeit herausfordert, wird gleichfalls allgemein zur Kenntnis genommen. Als ein Weg zur Lösung dieses Problems steht die Reform der Mädchenschulbildung auf der Tagesordnung.

2 Am 16. April 1912 wird in Jena die Städtische Höhere Mädchenschule in das Städtische Lyzeum mit Oberlyzeum (Frauenschule) und Realgymnasium (Studienanstalt) umgewandelt und in einem neu errichteten Schulgebäude in der Kaiser-Wilhelm-Straße untergebracht.

---

[22] Vgl. Nipperdey, Thomas. A.a.O. S. 75.

[23] Vgl. Kirchhoff (Hrsg.). A.a.O. S. 139.

Neue Schulen

Bereits 1889 hat die Frauenrechtlerin Helene Lange in Berlin Realkurse für Frauen begründet, die 1893 in Gymnasialkurse umgewandelt werden und Mädchen dazu befähigen, das Abitur als Externe abzulegen — ein entscheidender Schritt, um die ungleichen Bildungschancen zu überwinden. Zwei Mitglieder des Jenaer Studentinnenvereins, Marie-Elise Schubert, die ab dem Wintersemester 1907/08 in Jena Medizin studiert, und Hertha Israel, Philosophie- und Theologiestudentin ab 1914/15, haben über den Weg der Gymnasialkurse ihre Reifeprüfung abgelegt. Nachdem ein kaiserlicher Erlaß im Jahre 1900 [24] die Realgymnasien und Oberrealschulen den traditionellen humanistischen Gymnasien gleichgestellt hat, werden die Zulassungsbestimmungen von den einzelnen Universitäten zwar noch unterschiedlich gehandhabt, aber generell wird das an diesen Schulen erworbene Reifezeugnis in allen deutschen Staaten anerkannt. Wer allerdings nur eine der höheren Mädchenschulen mit den – wie allgemein bekannt – geringeren Anforderungen eines spezifisch weiblichen Curriculums irgendwo im Deutschen Reich absolviert hat, muß sich anschließend zusätzlich in sogenannten wahlfreien Kursen, in Selektaklassen, durch kostspieligen Privatunterricht oder auch auf dem zeitraubenden Umweg über ein Lehrerinnenseminar auf das Universitätsstudium vorbereiten. [25] Studienanstalten, auf denen Mädchen das Abitur erwerben können, entstehen erst nach 1910 [26], in Jena 1912.

In Jena existieren zwei private höhere Mädchenschulen: Strohschein und Ludewig (seit 1904 auch als Carolinenschule bekannt). Besondere Qualitäten werden dem Unterricht der Antonie Ludewig allerdings nicht nachgesagt. [27] Ab dem Wintersemester 1902/03 bzw. dem Sommersemester 1904 schreiben sich bis auf eine Ausnahme alle weiblichen Mitglieder des Kollegiums und die Schulleiterin selbst als Hörerinnen an der philosophischen Fakultät ein. Es verwundert deshalb nicht, daß diese und einige andere Frauen, die inzwischen ihr Studium an der Jenaer Universität erfolgreich beendet haben, Jahre

später [28] als Mitarbeiterinnen der 1909 gegründeten Städtischen Höheren Mädchenschule (mit Frauenschule und Realgymnasialkursen) wieder in Erscheinung treten und unter der Leitung von Abbe's Schwiegersohn Otto Unrein [29] unterrichten. Auch die ehemalige Leiterin der zweiten Jenaer Höheren Mädchenschule [30], Johanna Strohschein, findet sich in diesem Kollegium wieder. Offensichtlich haben sich für diese Frauen die Mühen des Studiums gelohnt: zwar werden sie nach wie vor schlechter bezahlt (sie erhalten 75% des Gehalts ihrer Kollegen) [31], aber sie haben sich durch Leistung und soziale Disziplin im Studium behauptet und dürfen nun die nachfolgende weibliche Generation zum Abitur führen. Trotz offenkundiger Diskriminierung bleibt zu vermuten, daß diese Frauen – das hat Edith Glaser zumindest für die Tübinger Studentinnen nachgewiesen – ihre berufliche Selbstbehauptung zugleich mit Stolz und Dankbarkeit betrachten. [32]

---

[24] Althoff, der 1897 die Erste Unterrichtsabteilung im preußischen Kultusministerium übernimmt, erlangt in der Schulkonferenz vom Juni 1900 das Votum für die Gleichstellung aller drei Oberschultypen. Der Kaiser stimmt wenig später zu. Die übrigen Bundesstaaten folgen alsbald nach. Damit haben im „Schulstreit" zwischen den Verteidigern des gymnasialen Berechtigungsmonopols und den Befürwortern eines naturwissenschaftlich und neusprachlich orientierten Bildungsweges an den Realgymnasien die Kreise gesiegt, die eine „moderne" Bildung als Fundament deutscher Weltgeltung ansehen. Vgl. Deutsche Verwaltungsgeschichte. Jeserich, Pohl, von Unruh (Hrsg.). Bd. III. Stuttgart 1984. S. 475 ff.

[25] Vgl. Kirchhoff, Arthur (Hrsg.). A.a.O. S. 301.

[26] Vgl. Flitner, Wilhelm. Erinnerungen 1889 - 1945. Paderborn, München, Wien, Zürich 1986. S. 79.

[27] Vgl. den entsprechenden Hinweis im Lebensbericht der Cornelia Schröder-Auerbach „Eine Jugend in Jena". In: John, Wahl (Hrsg.). A.a.O. S. 3.

[28] Lt. Jenaer Adreßbuch ab dem Jahre 1910.

[29] Vgl. Koch, Herbert. Geschichte der Stadt Jena. Stuttgart 1966. S. 311.

[30] Sogenannte Schmidtsche Mädchenschule, besteht bis 1909. Vgl. das Adreßbuch der Residenz- und Universitätsstadt Jena 1909.

[31] Vgl. Nipperdey, Thomas. A.a.O. S. 543.

[32] Glaser, Edith. Hindernisse, Umwege, Sackgassen. Die Anfänge des Frauenstudiums in Tübingen (1904-1934). - Die Studie basiert außer auf Quellenmaterial auf umfangreichen Interviews mit den ehemaligen Tübinger Studentinnen.

Können Männer im deutschen Kaiserreich durch den Erwerb von Bildung sozial aufsteigen – im Ausnahmefall sogar vom Arbeitersohn zum Professor und Unternehmer wie Ernst Abbe –, so trifft das für diese Frauen noch lange nicht zu. Ihnen dient das Studium dazu, sich vor drohendem sozialen Abstieg zu schützen bzw. ihre soziale Stellung zu halten. Sozialer Aufstieg ist ihnen einzig durch Heirat möglich, was im Falle des Lehrerinnenberufs allerdings die Entlassung aus dem Beamtenverhältnis bedeutet, d.h. den Verlust der Berufstätigkeit und damit der ökonomischen Unabhängigkeit.

Zwei künftige Mitglieder des Jenaer Studentinnenvereis, Marie Krieger, Tochter des verstorbenen Oberlandesgerichtsrats Fritz Krieger, und Else Winkelmann, eine Verwandte des Jenaer Mathematikprofessors Adolf Winkelmann, nutzen die Möglichkeit, ihre Abiturprüfung als Externe am Großherzoglichen Carl-Alexander-Gymnasium [33] in Jena abzulegen, einer erstklassigen Knabenschule mit überregionalem Ruf, an der Universitätsprofessoren und akademisch gebildete Lehrer unterrichten.

Ab dem Jahre 1912 sind solche Umwege in Jena nicht mehr nötig. Im April wird die Städtische Höhere Mädchenschule in das Städtische Lyzeum mit Oberlyzeum (Frauenschule) und Realgymnasium (Studienanstalt) umgewandelt und in einem eigens dafür errichteten neuen Schulgebäude in der Kaiser-Wilhelm-Straße, der heutigen August-Bebel-Straße, untergebracht. Und hier schließt sich der Kreis: Die als erste Hörerinnen an der Jenaer Universität die wissenschaftlichen Kenntnisse für ihre lehrende Tätigkeit auf Gymnasialniveau erwarben, Antonie Ludewig, Johanna Strohschein und die anderen, geben nun ihr Wissen an die nächste Generation weiter: Käthe Weber, Tochter des Professors für neuere Kunstgeschichte, Paul Weber, und Else Wyneken erwerben am Jenaer Realgymnasium (Studienanstalt) die Voraussetzung zum Hochschulstudium - die eine beginnt im Sommersemester 1915 an der Jenaer Universität Medizin zu studieren, die andere nimmt 1922 das Studium der Physik auf. Beide werden Mitglieder des Jenaer Studentinnenvereins.

Soziale Herkunft in Jena ansässiger Studentinnen

Die Schulbildung bestimmt ab den siebziger Jahren des 19. Jahrhunderts in weit höherem Maße als noch vor der Industrialisierung die soziale Rolle, die der Bürger in der Gesellschaft des deutschen Kaiserreiches spielt. Zwar ist der einzelne von Geburt an einer Schicht zugeordnet, seine Bildungskarriere von Anfang an festgelegt. Zwar dienen Bildungsinstitutionen stets auch dazu, die sozialen Schichten voneinander zu trennen: Kinder aus Arbeiter- und Bauernfamilien besuchen die Volksschule , die höhere Schulbildung bleibt der Mittel- und Oberschicht vorbehalten. Und doch – Bildung verspricht sozialen Aufstieg, und sei es nur innerhalb der eigenen Schicht. Wechsel von einer Schicht zur anderen gelingt nur schrittweise: vom Arbeiter zum kleinen Angestellten, zum Volksschullehrer, zum niederen Beamten (neue Mittelschicht). [34] Die Ausbildung der Kinder wird für die bürgerliche Familie zu einer Verpflichtung, zur Investition in die Zukunft. Dies gilt mittlerweile, wenn auch noch eingeschränkt, auch für Töchter. Wenn die Zeit zwischen dem Ende der Kindheit und der Verheiratung sinnvoll ausgefüllt werden soll, warum nicht dadurch, daß die Tochter die Hochschule besucht? Das sei aber kein ernstzunehmendes Studium der Wissenschaften, halten die männlichen Studenten ihren Kommilitoninnen vor, eine Anschuldigung, die am 11. Juni 1918 zu einer heftigen Diskussion im Jenaer Studentinnenverein führt. [35] Der prägende Einfluß einer gebildeten Frau auf die potentiellen Kinder mag manchem Vater bei seinem Entschluß, die Tochter zur Universität zu schicken, gegenwärtig gewesen sein. Ebenso der Gedanke,

---

[33] Das Großherzogliche Carl-Alexander-Gymnasium in der Schillerstraße wird 1900 gegründet und muß 1914 den Industriebauten der Firma Carl Zeiss weichen. Es befindet sich ab 1. Oktober 1914 in der Lessingstraße (Ecke Am Steiger). Vgl. John, Wahl (Hrsg.). A.a.O. S. 3.

[34] Vgl. Nipperdey, Thomas. A.a.O. S.414 ff. S. 531.

[35] Stadtarchiv Jena. Bestand Xr, 4. S. 100 f.

daß eine Tochter mit Universitätsbildung eher in höhere Kreise einheiraten kann, denn auch die Ansprüche der Männer verändern sich allmählich. Die Mitglieder des Studentinnenvereins allerdings legen in der bewußten Debatte Wert darauf festzustellen, daß es die Berufsausbildung ist, die ihnen *„entschieden das Recht zum Universitätsstudium gibt"*. [36]

Für die Mädchen und jungen Frauen hat sich also nach der Jahrhundertwende aufgrund eines sich nach und nach verändernden Frauenbildes und mit den neuen Schulen, die neue Bildungs- und Berufschancen eröffnen, eine entscheidende Veränderung vollzogen – und das innerhalb der festgefügten und sozial nur wenig durchlässigen Wilhelminischen Gesellschaft[37]: der Zustrom weiblicher Studenten an die deutschen Universitäten ist nicht mehr aufzuhalten.

Eine vergleichende Gegenüberstellung der Zahl studierender, in Jena ansässiger Frauen und Männer im Zeitraum von 1907 (erstmalige Immatrikulation von Frauen an allen vier Fakultäten) bis 1918 ergibt folgendes Bild:

Die soziale Herkunft der 139 im Zeitraum von 1902 bis 1918 in Jena ansässigen Studentinnen (Hörerinnen und Vollstudentinnen), die teils aus Jena stammen, teils festen Wohnsitz in der Stadt nehmen, wurde ermittelt anhand der Inskriptionsbücher, des Verzeichnisses der Hörerinnen der ersten zehn Semester, der Amtlichen Verzeichnisse sowie der Adreßbücher der Stadt Jena.[38] Studentinnen, die als Wohnort zwar Jena angeben, jedoch nachweislich aus anderen Orten stammen, sind in dieser Aufstellung nicht berücksichtigt.

Die Nachforschungen ergeben, daß im genannten Zeitraum die Gruppe der Beamten (19) und Lehrer (13) mit 32 Familien die soziale Schicht ist, die bevorzugt auch Töchter zum Studium an die Universität schickt, gefolgt von den Akademikerfamilien, vorwiegend Universitätsangehörigen (20) sowie den Familien evangelischer Theologen (6). Damit kommen 61 Studentinnen (unter ihnen sind drei Geschwisterpaare) aus dem

Jahr	Frauen	Männer	Frauenanteil in %
WS 1907/08	4	59	6,8
WS 1912/13	24	121	19,8
WS 1917/18	44	167	26,3

[36] Vgl. ebda. S. 101.

[37] Vgl. Nipperdey, Thomas. A.a.O. S. 563.

[38] Als Quellen für die Auszählung dienten die Inskriptionsbücher, das Verzeichnis der Hörerinnen der ersten zehn Semester 1902 bis 1916 an der Universität Jena, das auch die Vollstudentinnen der Jahre 1907 bis 1917 aufführt, und vor allem die halbjährlich erschienenen Amtlichen Verzeichnisse der Lehrer, Behörden, Beamten und Studierenden der Großherzogl. Herzogl. Sächsischen Gesamtuniversität (alles UAJ) sowie die Adreßbücher der Stadt Jena . Die Inskriptionsbücher geben zum Teil zwar Auskunft über den Beruf des Vaters/Ehemannes, oft aber wird gerade das nicht angegeben oder lediglich vermerkt, daß der Vater gestorben ist. So bleiben die oben erwähnten halbjährlich erschienenen Verzeichnisse der immatrikulierten Studenten und der Hörer mit ihren Adressenangaben die wichtigste Quelle für die Nachforschungen zur sozialen Herkunft. In zwei Fällen ergaben die in den Jenaer Adreßbüchern nachgeschlagenen Adressen einen anderen Hinweis auf die soziale Herkunft als die eigenhändige Eintragung der Studentinnen im Inskriptionsbuch. Vermutlich haben diese Studentinnen bei (gleichnamigen) Verwandten in Jena gewohnt. Ähnliches mag auch in anderen Fällen vorgekommen sein, ohne daß es jedoch bei den Hörerinnen, von denen nur die Adressen bekannt sind, de facto nachgewiesen werden könnte. So läßt sich eine, vermutlich aber geringe, Verschiebung zwischen den einzelnen sozialen Gruppen insgesamt nicht ausschließen.

3 Hildegard Felisch und Hedda Korsch, geb. Gagliardi, im Jahre 1916

Jenaer Bildungsbürgertum (42,1%), das größtenteils verbeamtet ist, aber auch die gesellschaftliche Stellung von Angestellten (Ordentliche Professoren) einnimmt oder den sogenannten freien Berufen (Honorarprofessoren) zuzurechnen ist. Eine Sonderstellung kommt dem Bevollmächtigten der Carl-Zeiss-Stiftung Max Fischer zu, der dem einflußreichen Wirtschaftsbürgertum angehört. [39]

Die verbeamteten Väter (bzw. verwitweten Mütter, die den Titel des Mannes übernehmen) gehören dem Staatsdienst an, sind Bau-, Post-, Eisenbahnbeamte oder Beamte der Forstverwaltung, Direktoren und Lehrer Jenaer höherer Schulen. Sie repräsentieren also einen Teil der städtischen Elite. [40] Unter diesen Familien finden sich vor allem mittlere Beamte, auch zahlreiche Lehrer (60%), höhere (26,3%) und niedere Beamte (16,7%).

Von den 11 Professorentöchtern (darunter ein Schwesternpaar) gehören drei dem Jenaer Studentinnenverein an: Käthe Rein (stud. med. et phil.), Tochter des Professors der Pädagogik Wilhelm Rein, des Initiators der legendären Fortbildungskurse für nicht akademisch gebildete Lehrer in den neunziger Jahren des 19. Jahrhunderts, Käthe Weber (stud. med.), älteste Tochter des Außerordentlichen Professors für neuere Kunstgeschichte, Paul Weber, der 1901 das Jenaer Stadtmuseum begründet hat [41], und Ella Delbrück (stud. phil. et arch.), Tochter des Professors für vergleichende Sprachwissenschaft und Sanskrit, Berthold Delbrück.

Diese jungen Frauen kommen vermutlich, im Falle Delbrücks sogar nachweislich, aus Elternhäusern, in denen der Vater der neuen Entwicklung aufgeschlossen gegenübersteht. Die Tatsache, daß die Jenaer Adreßbücher vorwiegend den Beruf und die gesellschaftliche Stellung des Vaters angeben, verweist auf die patriarchalische Struktur der Wilhelminischen Gesellschaft. Der Mann ist nicht nur der Ernährer, als Familienoberhaupt repräsentiert er die Familie (auch im rechtlichen Sinne) nach außen, er ist der Welterfahrene und derjenige, der Entscheidungen trifft. [42] Wenn er seine Tochter bzw. Töchter

das Abitur machen läßt und auf die Universität schickt, d.h. den weiblichen Nachkommen die gleiche Fürsorge bei der Ausbildung wie den Söhnen angedeihen läßt, so versteht sich das keineswegs von selbst und ist persönlicher Weitsicht und Einsicht in die gesellschaftlichen Veränderungen geschuldet. Daß die Tochter nicht nur innerhalb der Familie, sei es in der Ehe oder als unverheiratetes Familienmitglied, sondern auch außerhalb überhaupt eine Zukunft hat – das ist neu. Wie alles Neue ist es unsicher. Und Bildung und Ausbildung bedeuten für die Familien eine finanzielle Belastung über Jahre. [43]

Die Mehrzahl der in Jena ansässigen Studentinnen entstammt also dem Bildungsbürgertum, was weniger überrascht als die Tatsache, daß der Anteil der verwitweten Frauen, die ihre Töchter auf die Universität schicken, mit 27 verwitweten und 2 (vermutlich) alleinstehenden Müttern zu 42 Vätern erstaunlich hoch ist. Die ökonomische und soziale Stellung dieser Familien ist nach dem Tod des Familienvaters dermaßen bedroht und die allenfalls kärgliche Mitgift erlaubt kaum eine standesgemäße Verheiratung, daß diesen jungen Frauen tatsächlich nur der Ausweg in einen Beruf bleibt, der als standesgemäß gilt. Zwei Drittel der Studentinnen, deren Mütter Witwen oder alleinstehend sind, streben eine berufliche Laufbahn als Lehrerin an, verfolgen also das Ziel, sozial und ökonomisch unabhängig zu werden. Vier von ihnen arbeiten bereits an Jenaer Schulen. Die verwitweten Mütter, von der Fabrikanten- bis zur Lehrerswitwe, repräsentieren das gesamte Spektrum des mittleren bis gehobenen Bürgertums. Bezeichnungen wie „Oberförsterswitwe" oder „Bauratswitwe" bei den Müttern der Studentinnen erhellen nochmals die Position der Frau: sie ist alles durch den Mann, auch als Hinterbliebene. Und sie ist nichts ohne ihn, was sich in der gesellschaftlichen Stellung der verspotteten alten Jungfer manifestiert. Doktorsfrau und Doktorswitwe sind gebräuchliche Bezeichnungen, „ ... darum war das Fräulein Doktor – Doktor aus eigener Kraft – dann so revolutionär". [44]

Dem Bildungsbürgertum als bestimmendes Herkunftsmilieu der in Jena ansässigen Studentinnen folgen die Familien der Militärs (6) und der Selbständigen (5), vorwiegend Kaufleute.

Studierende Ehefrauen (17) sind vor allem mit Akademikern (8) verheiratet, die als Privatgelehrte oder Privatdozenten noch am Anfang ihrer Universitätskarierre stehen, oder mit Lehrern (3) und Offizieren (3).

Recht ungewöhnlich bzw. aus den vorliegenden Angaben nicht weiter aufschließbar ist die Tatsache, daß unabhängige junge Frauen (7) sich gleichfalls an der Jenaer Universität einschreiben: u.a. eine Chemikerin und eine junge Frau mit Vermögen, eine Privatiere. Zu den interessanten Erscheinungen ist sicherlich auch die geschiedene Bildhauerin Martha Bergemann-Könitzer zu rechnen, 1910 bis 1912 Hörerin an der philosophischen Fakultät. Sie gehört dem Sera-Kreis an, einem von dem Verleger Eugen Diederichs gegründeten neuromantischen Zirkel jugendbewegter Freistudenten und Töchter der Jenaer und Weimarer Gesellschaft.[45]

Studierende Töchter von Zeiss-Arbeitern hat es, im Gegensatz zu Söhnen, offensichtlich nicht gegeben. [46]

Eine bereits eigenständige soziale Gruppe bilden die 40 Lehrerinnen, die an der philosophischen Fakultät Vorlesungen hören. 20 von ihnen arbeiten bereits an Jenaer Schulen. Von den anderen bleibt zu vermuten, daß sie Privatunterricht erteilen bzw. von ihren Familien unterstützt werden.

Eine Sonderstellung unter den studierenden Lehrerinnen nimmt vermutlich auch Kaethe Auerbach ein, eine von ihrem Mann getrennt lebende Frau mit vier Kindern, die von ihrem Schwager, dem bekannten Kunstförderer und Physiker Felix Auerbach unterstützt wird. Sie gibt Ausländern Deutschstunden und hat sich an der philosophischen Fakultät eingeschrieben.[47].

Die Gruppe der Lehrerinnen, die Vorlesungen besuchen, wurde als selbständiger Berufsstand gezählt und bewertet. Nur bei einem knappen Drittel der Fälle ist die soziale Herkunft über die

Jenaer Adreßbücher nachweisbar: die Väter sind vorwiegend Beamte.

---

[39] Mühlfriedel, Wolfgang. Zur Struktur der Jenaer Elite in den ersten beiden Jahrzehnten des 20. Jahrhunderts. In: John, Wahl (Hrsg.). A.a.O. S. 238.

[40] Vgl. ebda. S. 236 ff.

[41] Hellmann, Birgitt. Paul Weber - Kunsthistoriker, Museumsgründer und Denkmalpfleger in Jena. In: John, Wahl (Hrsg.) A.a.O. S. 93 ff.

[42] Vgl. Nipperdey, Thomas. A.a.O. S. 53.

[43] Vgl. ebda. S. 55.

[44] Ebda. S. 52.

[45] Vgl. Flitner, Wilhelm. A.a.O. S. 148.

[46] Wilhelm Flitner erwähnt studierende Söhne von Zeiss-Arbeitern. Vgl. ebda. S. 159.

[47] Vgl. die Erinnerungen von Cornelia Schröder-Auerbach "Eine Jugend in Jena". In: John, Wahl (Hrsg.). A.a.O. S. 1 ff. Kaethe Auerbach hört Philosophie bei dem Privatdozenten Eberhard Grisebach und Archäologie bei dem Extraordinarius für klassische Archäologie und Neuere Kunstgeschichte Botho Graef.

Der Studentinnenverein Jena, die Frei-studentenschaft und die Korporationen

Die Gründungsmitglieder des Jenaer Studentinnenvereins, z.B. die Philologiestudentin Mathilde Apelt aus Weimar, die aus Dresden stammende Mathematikstudentin Elisabeth Snell oder die Professorentochter Käthe Rein, die Vorsitzende,[48] leben in einer Welt, geprägt von bürgerlicher Sicherheit, ja Wohlhabenheit, in einer Stadt, die ihre aus der frühen Neuzeit überkommenen Grenzen durchbricht und sich zu einer modernen Industriestadt entwickelt.

4 Blick über das Damenviertel

5 Auszug aus den Satzungen des Studentinnenvereins. Fassung von 1926

Sitzungsprotokolle aus den Anfangsjahren des im Wintersemester 1907/1908 gegründeten Vereins liegen nicht vor.[49] Die erste überlieferte Niederschrift trägt das Datum vom 28. Juli 1913.[50] Der Verein versteht sich als Interessenvertretung und „Geselligkeitsverein im edleren Sinne, in einer dem weiblichen Naturell angepaßten Form", als eine „geistige Gemeinschaft der gegenseitigen Erziehung", die soziale und ethische Fragen in den Mittelpunkt stellt, aber auch Musik und Literatur pflegt.[51] Eine Minderheit am Rande, findet sich der kleine Kreis alle acht Tage zusammen, „auf interkonfessioneller und parteipolitisch neutraler Grundlage", wie es in den Satzungen heißt.[52]

Noch beherrschen die traditionellen Korporationen, deren Mitglieder zumeist aus zahlungskräf-tigen Elternhäusern stammen, das Jenaer studentische Leben, in der Kneipe und auf dem Fechtboden oder in den neuerrichteten repräsentativen Verbindungshäusern.[53] Sie allein sind es, etwa dreißig an der Zahl, die mindestens je einen Delegierten in die Studentische Vertreterschaft entsenden. Die Mehrzahl der Studenten dagegen, die Nichtinkorporierten oder „Finken", bleiben ohne Stimme und damit ohne Einfluß auf das akademische Leben.[54]

Ein halbes Jahr nach der Gründung des Studentinnenvereins, im Jahre 1908, scheint sich das Blatt zu wenden. Auf Initiative von Studienortwechslern, die zum Teil bereits an anderen Universitäten ein freistudentisches Amt ausgeübt haben, konstituiert sich, in enger Verbindung zum Sera-Kreis um Eugen Diederichs, die Jenaer

8) Falls sich im Verein Widerspruch gegen ein Mitglied erhebt, haben die übrigen Mitglieder das Recht, beim Vorstand die Einberufung einer Mitgliederversammlung zu beantragen, in der über den Ausschluss des Mitgliedes mit 2/3 Mehrheit abgestimmt wird.

§ 3

Vorstand.

Der Vorstand besteht aus der Vorsitzenden, der 1. und 2. Schriftführerin und dem Kassenwart. Jedes Mitglied des Vorstandes kann durch ein anderes vertreten werden.

1) Die Vorsitzende hat
   a) Die Leitung der Vereinsabende
   b) Vertretung des Vereins nach aussen
   c) Verantwortung für alles, was im Namen des Vereins geschieht.
2) Die Schriftführerinnen haben alles Schriftliche zu erledigen. Für Vereinsbeschlüsse ist Gegenunterschrift der Vorsitzenden nötig.
3) Der Kassenwart hat die Kasse und die wirtschaftlichen Angelegenheiten zu besorgen.
4) Die Vorstandswahl findet in der 2. Hauptversammlung jedes Semesters durch Zettel statt. Scheidet ein Vorstandsmitglied während des Semesters aus, so ergänzt sich der Vorstand durch Zuwahl.
5) Die Vorstandsmitglieder sollen in der Regel vor ihrer Wahl mindestens ein Semester lang dem Verein angehört haben.
6) Ein Vorstandsmitglied kann, wenn es die Interessen des Vereins nicht wahrnimmt, oder sein Amt ungenügend verwaltet, durch 2/3 Mehrheitsbeschluss abgesetzt werden.

§ 4

Versammlungen

1) Vereinsabende finden alle 8 Tage statt, ausserordentliche Versammlungen können vom Vorstand einberufen werden.
2) Am Anfang und Ende jedes Semesters finden ordentliche Hauptversammlungen statt. In der zweiten ist Semester= und Kassenbericht abzulegen und der Vorstand für das nächste Semester zu wählen.

3) Ausserordentliche Hauptversammlungen können vom Vorstand oder durch den Vorstand auf Antrag von 1/3 der in Jena anwesenden Mitglieder oder der Hälfte der auswärtigen Mitglieder einberufen werden. Die Tagesordnung ist mit der Einberufung bekanntzugeben.
4) Alle ordentlichen und ausserordentlichen Versammlungen werden von der zweiten Schriftführerin spätestens 3 Tage vorher bekannt gegeben.
5) Ein Vereinsbeschluss ist ausser in den angegebenen Fällen gültig, wenn er mit Stimmenmehrheit gefasst wird. Bei Stimmengleichheit entscheidet die Stimme der Vorsitzenden. Abwesende können ihre Stimme schriftlich abgeben.
6) Zu Hauptversammlungen und Begrüssungs= und Gästenabenden müssen alle ordentlichen Mitglieder erscheinen. Bei unentschuldigtem Fernbleiben wird eine Strafe von 1 M erhoben.

§ 5

Verband.

Der Verein ist dem "Verband der Studentinnenvereine Deutschlands" (V.St.D.) angeschlossen, dadurch dem Bund deutscher Frauenvereine und dem akademischen Hilfsbund. Er schickt zu dem jährlich stattfindenden Verbandstage Abgeordnete. Eine engere Beziehung zu dem Verein Halle wird erstrebt. Jedes Jahr findet eine Zusammenkunft der beiden Vereine statt.

§ 6

Auflösung

Die Auflösung wird durch 2/3 Mehrheit der ordentlichen Mitglieder in der Hauptversammlung beschlossen. In diesem Falle geht das Vermögen an den Verband über.

— — — — —

Freie Studentenschaft. Sie erhebt den Anspruch, die Mehrheit der Studenten in allen akademischen Angelegenheiten vertreten zu wollen. Ein Verlangen, das die ohnehin geringe Bereitschaft der Universitätsbehörden zur Demokratisierung überfordert und nicht durchgesetzt werden kann. Auch der Jenaer Studentinnenverein geht nicht in der Freistudentenschaft auf, sooft die Freistudenten auch versucht haben, dies zu erreichen.[55]

Dennoch, die Zusammenarbeit zwischen Studentinnenverein und Freistudentenschaft ist gleichbleibend gut, besonders in der gemeinsamen Arbeit für den „Fonds zur Förderung idealer Interessen", der 1913 begründet wird, um die Schuld zu tilgen, die den Bismarckturm auf dem Malakoff belastet.[56] Die Freistudenten allerdings

[48] Stadtarchiv Jena. Bestand Xr, 2. Hauptbuch mit den eingetragenen Mitgliedern.

[49] Die Konstitution findet am 15. Oktober 1907 statt, den Vorstand bilden Käthe Rein, Elsa Gossmann (Schatzmeisterin) und Margarete Herbst (Schriftführerin). UAJ Bestand E. Abt. II. Nr. 2002. Studentisches Vereinswesen 1907-1908. Bl. 1.

[50] Stadtarchiv Jena. Bestand Xr, 3. S. 1. Ein weiteres frühes Zeugnis des Jenaer Studentinnenvereins findet sich in der Zeitschrift „Die Studentin". I. Jhg. Nr. 2/1912. Unpag. Es handelt sich um den Semesterbericht WS 1911/12, in dem 14 ordentliche und 12 Altmitglieder angegeben werden.

[51] Ebda. Bestand Xr, 4. S. 94.

[52] Ebda. Bestand Xr, 1. Satzungen des Studentinnenvereins Jena. Das Typskript trägt den handschriftlichen Vermerk: Sommersemester 1926. Eine Erstfassung der Satzungen ist nicht auffindbar.

[53] Nowak, Holger. Historischer Verbindungsführer. Jena 1992. S. 2 ff.

[54] Vgl. den Beitrag von Werner, Meike G. Die akademische Jugend und Modernität. In: John, Wahl (Hrsg.). A. a. O. S. 292.

[55] Ebda. S. 295, S. 306.

[56] UAJ. Bestand B.A. 1789. Acta academica betreffend: die Begründung eines besonderen Fonds durch die Studierenden zur Förderung idealer Interessen 1917. Unpag.

wirken vor allem darauf hin, allgemeine studentische Interessen durchzusetzen. Und ihr demokratisches Verständnis bleibt nicht ohne Einfluß auf die Ansichten der Mitglieder des Jenaer Studentinnenvereins. So geraten die jungen Frauen sofort in Widerspruch zu der Empfehlung, korporativ zu werden, die im März 1917 per Rundschreiben der Göttinger Studentinnen an sie herangetragen wird. *„Die Korporationen sind konservativ, die Freistudenten fortschrittlich. Die Korporationen haben den Kampf gegen das Frauenstudium auf ihrem Programm. Würden wir uns ihnen anschließen, so bedeutet das eine Inkonsequenz."*[57]

Zeitungsnotiz über angebliches Besuchsverbot
Zeitschrift „Die Studentin". II. Jahrgang. Nr. 2/1913. 21. Februar 1913

Allerdings kann sich diese Auffassung nicht durchgängig behaupten. Schon am 25. Juli 1916, als Gertrud Liebmann, Studentin der Mathematik und der Naturwissenschaften, zur Vorsitzenden gewählt wird, heißt es zur Frage – Korporation ja oder nein –: *„Prinzipiell wollen wir der Frage erst nach dem Kriege nähertreten."*[58] Das bei den Korporationen übliche Erziehungsprinzip mit Fuchs und Bursch wird abgelehnt. Stattdessen übernimmt ein Ehren- oder Erziehungsbeirat, bestehend aus mehreren älteren Vereinsmitgliedern, die Aufgabe, sich der neu Eintretenden anzunehmen.[59] Als im Juni des Jahres 1918 der seit knapp zwei Jahren bestehende, nationalistische „Deutsch-akademische Frauenbund an der Universität Jena" äußert, er habe als Korporation im Studentenausschuß eine Stimme zu fordern, während der Studentinnenverein von der Universität nicht anerkannt sei, da lautet die Antwort, daß *„auch der Studentinnenverein das Recht habe, eine Stimme zu fordern, sobald er sich als Korporation anmeldet und daß auch dem D.A.F. das Recht noch keineswegs zugestanden ist"*.[60]

Einen Monat später, im Juli 1918, konstatiert die Vorsitzende Gertrud Liebmann, daß der Verein zwar korporativen Charakter trage, da er nach dem Auslese- und Erziehungsprinzip verfahre, jedoch nicht inkorporiert sei. *„Die Universität sieht uns als Korporation an. Wir wollen uns aber nicht öffentlich als Korporation erklären und uns nicht festlegen."* Mitglieder der Deutsch-akademischen Freischar (vorher Freistudentenschaft), mit deren Ideen einige Mitglieder des Studentinnenvereins sympathisieren, *„dürfen auf Antrag nach Abstimmung ... als Verkehrsgäste in den Verein aufgenommen werden"*[61]. Nachdem diese Worte ins Protokollbuch geschrieben sind, kommt es turnusgemäß zur Wahl einer neuen Vorsitzenden: Käthe Weber wird künftig dem Studentinnenverein vorstehen.[62] Die Gründungsmitglieder von einst allerdings sind nicht mehr unter den Wahlberechtigten: ihre Spuren verlieren sich im Dezennium des Ersten Weltkriegs. Nur zu einem Altmitglied, Ella Delbrück, besteht in den Jahren 1917/18 noch brieflicher Kontakt. Die Professorentochter, die Philosophie und Archäologie studiert hat, arbeitet nun im Kriegsamt Berlin, Referat Frauen, das den Einsatz der Frauen in der Rüstungsindustrie organisiert.[63]

---

[57] Stadtarchiv Jena. Bestand Xr, 4. S. 30 f.

[58] Ebda. Bestand Xr, 3. S. 119.

[59] Ebda. Bestand Xr, 3. S. 118.

[60] Ebda. Bestand Xr, 4. S. 96. Der „Deutsch-akademische Frauenbund an der Universität Jena" wird am 15. November 1916 gegründet. Sein Wahlspruch lautet: Gedenke, daß Du eine deutsche Frau bist! Vgl. dazu Nowak, Holger. A.a.O. S. 34.

[61] Stadtarchiv Jena. Bestand Xr, 4. S. 113.

[62] Ebda. Bestand Xr, 4. S. 114.

[63] Das Zentrale Frauenreferat am Kriegsministerium wird von Marie Elisabeth Lüders geleitet, einer Vertreterin der bürgerlichen Frauenbewegung. Die im Frauenreferat tätigen Frauen bemühen sich, ihrer Arbeit einen sozialfürsorglichen Aspekt zu geben, dienen aber letztlich nur der Organisation des Krieges. Vgl. Chronik der Deutschen. S. 758.

Der Fonds zur Förderung idealer Interessen

Im Gegensatz zum hohen Anspruch, den die Jenaer Freistudentenschaft in ihren Satzungen erhebt, *„die Gesamtheit der Nichtinkorporierten"* vertreten zu wollen und zu diesem Zweck *„wissenschaftliche, künstlerische und sportliche Bestrebungen"*[64] zu verfolgen, versteht sich der Studentinnenverein Jena mit seinen zurückhaltend abgefaßten Satzungen als eine Vereinigung eher an der Peripherie. Die Erkenntnis (und vermutlich tägliche Erfahrung), daß man sich gegen die männlichen Studierenden behaupten muß, mag die Formulierung eines stark auf die eigene Gruppe bezogenen, vor allem auf Geselligkeit zugeschnittenen Programms begünstigt haben.[65] Doch wenn laut Satzung *„Gymnastik, Schwimmen, Wandern, Beschäftigung mit Kulturfragen … Inhalt und Rahmen für ernstes und heiteres Zusammensein (liefern)"*[66] – die tatsächliche Vereinsarbeit durchbricht diese enggesetzten Grenzen, wie die überlieferten Protokollbücher ab 1913 belegen. Denn weder die Anforderungen des studentischen Alltags (Gestaltung des Studiengangs, die leidige Wohnungsfrage[67]) noch die Demokratisierungsbestrebungen der Jenaer Freistudentenschaft, die auch in den Studentinnenverein hineinwirken, oder gar die Katastrophe des Ersten Weltkrieges sind dazu angetan, sich lediglich auf sinnvolle Freizeitgestaltung zu beschränken.

JENA

Mittagstisch

für Studentinnen bei Fräulein Schwabe, Wagnergasse 27 II.

Anzeige aus der Zeitschrift „Die Studentin". IV. Jahrgang Nr. 1/1915. Kriegsnummer des Wintersemesters 1914/15. 20. Februar 1915

Noch im November 1913 entsendet der Jenaer Studentinnenverein eine Vertreterin, die Medizinstudentin Alma Winckler, als Kandidatin für den neugegründeten Verwaltungsausschuß des „Fonds für ideale Interessen der Studentenschaft".[68] Die Vorsitzende, Sophie Haars, Philologiestudentin, hat sich eigens vom Prorektor bestätigen lassen, *„daß auch Studentinnen zur Verwaltung vorgeschlagen werden können".*[69] Die Freistudenten machen keinen Hehl daraus, wie sie die Mittel aus diesem Fonds, in den die Studenten halbjährlich zwei Mark einzahlen, zu verwenden gedenken: für die Wohnungsfürsorge und die soziale studentische Arbeit.

Alma Winckler wird als Stellvertreterin gewählt – mindestens 150 Stimmen sind dafür erforderlich gewesen, andernfalls hätte der akademische

6   Volkshaus. Leseraum der Lesehalle um 1910

[64] Satzungen der Jenaer Freien Studentenschaft. Jena 1910.

[65] „Nur etwa ein Drittel der hier studierenden Frauen gehört dem Studentinnenverein an", heißt es im Semesterbericht WS 1912/13. Vgl. Zeitschrift „Die Studentin". II. Jhg. Nr. 3/1913. Unpag.

[66] Stadtarchiv Jena. Bestand Xr, 1. Satzungen des Studentinnenvereins Jena. Typoskript 1926.

[67] Eine Umfrage der Zeitschrift „Die Studentin" bei den zwanzig Studentinnenvereinen Deutschlands im SS 1913 stellt auch die Jenaer Wohnverhältnisse vor: Die Monatsmiete für ein Zimmer beträgt 16 bis 20 Mark, für zwei Zimmer 30 bis 40 Mark (beides mit Frühstück und Bedienung). Ein Zimmer in einer Pension (mit Mahlzeiten und Wäsche) kostet 80 bis 125 Mark. Als Einrichtungsgegenstände werden vor allem gewünscht: gute Schreibtische und große Bücherbretter. - Zeitschrift „Die Studentin". II. Jahrgang. Nr. 11/1913. Unpag.

[68] Stadtarchiv Jena. Bestand Xr, 3. S. 3.

[69] Ebda. Bestand Xr, 3. S. 4.

Senat die studentischen Vertreter selbst ernannt, eine Ankündigung, die die Freistudenten zu glühenden Wahlaufrufen veranlaßt hat. [70] Als erste Vertreterin des Jenaer Studentinnenvereins im Verwaltungsausschuß des Idealfonds trägt Alma Winckler die Initiativen der Freistudenten mit: die Selbstverwaltungsbestrebungen der Jenaer Studentenschaft in die Tat umzusetzen und die Mittel des Idealfonds für solche sozialen studentischen Zwecke einzusetzen, die zum Teil schon seit Jahren von der Jenaer Freistudentenschaft gepflegt werden, wie die im Jahre 1913 begründete studentische Vortragsvereinigung (der Studentinnenverein gehört ihr auch an) und die Märchenlesungen im Volkshaus. [71]

Mit den Mitteln des Idealfonds werden auch die Ausstattung der universitätseigenen Sportplätze, die Arbeit mit Jugendgruppen, die Arbeiterunterrichtskurse und der Akademische Hilfsbund unterstützt. [72]

Am 12. Juni 1917 richtet die Vorsitzende des Studentinnenvereins, Gertrud Liebmann, ein Gesuch an den Prorektor, in dem mitgeteilt wird, *„dass der Studentinnenverein Jena beschlossen hat, eine Reform der Studentenwohnungen in die Wege zu leiten und zu diesem Zwecke einen Arbeitsausschuss von sechs Mitgliedern gewählt hat ... “* Sie bittet darum, *„die nötigen Geldmittel an die zuständige Stelle zu überweisen“.* Und weiter: *„Wir wollen einen Mangel beseitigen, an dem das studentische Wohnungswesen schon lange krankt ... Wie wir wissen, ist es vor allem für die aus dem Kriege heimkommenden Studenten ein unerträglicher Gedanke, in diese häßlichen, von den Zeiss-Arbeitern verwohnten Räume zurückkehren zu müssen ... Wir beabsichtigen, eine Reihe von einfachen, schönen, zweckmässigen Mustereinrichtungen von Studentenwohnungen zu schaffen ... “.* Wohnungsmobiliar nach künstlerischen Entwürfen soll bei den Kriegsinvaliden-Werkstätten in Großschwabhausen in Auftrag gegeben und *„aus den einfachsten Materialien“* hergestellt werden, um *„in einer Ausstellung den Vermietern die Ansprüche der Studierenden an ihre Wohnungen praktisch vor Augen (zu) führen ... Zugleich wollen wir damit auf die nach* dem Kriege voraussichtlich überstürzt einsetzende Produktion geschmacksbestimmend einwirken.“ Die Kommission, die über den Fonds zur Förderung idealer Interessen verfügt, antwortet am 9. Juli 1917, daß sie *„zur Zeit nicht in der Lage sei, Mittel zu dem gedachten Zweck zu bewilligen, dass aber die Anregung nach dem Kriege erneut in Erwägung gezogen werden solle“.* [73]

Doch noch ist das Kriegsende fern. Zu jedem Opfer bereit, stellt Ilse Büchting, Studentin der Mathematik und der Naturwissenschaften, auf einem Vereinsabend den Antrag, *„von jetzt an barfuß zu gehen oder in Holzsandalen“.* [74] Der Studentinnenverein ist nunmehr knapp zehn Jahre alt.

[70] UAJ. Bestand B.A.1788. Acta academica betreffend: die Begründung eines besonderen Fonds durch die Studierenden zur Förderung idealer Interessen 1913-1917. Bd. I. Bl. 96.

[71] Vgl. Jenaer Hochschulzeitung. Organ der Jenaer Freien Studentenschaft. Nr. 3 vom 10. Dez. 1913 und Nr. 2 vom 20. Nov. 1913.

[72] UAJ. Bestand B.A.1788. Acta academica betreffend: die Begründung eines besonderen Fonds... Bd. I. Bl. 21. Bl. 114.f.

[73] Ebda.

[74] Stadtarchiv Jena. Bestand Xr, 4. S. 50.

Der Jenaer Studentinnenverein und der Erste Weltkrieg

1. August 1917. Der erste Kriegstag jährt sich zum drittenmal. Die am 5. Mai 1915 im Protokollbuch vermerkte Erwartung, *„hoffentlich werde das Ende des Semesters, dessen Beginn Siegesglocken einläuteten, den ersehnten Frieden bringen"* [75], hat sich nicht erfüllt. Drei Jahre schon beherrscht der Krieg das Leben im Verein, ohne daß die Ungeheuerlichkeit des Geschehens auch nur die Spur einer seelischen Erschütterung im Protokollbuch hinterläßt. Daß die Zahl der gefallenen Kommilitonen unvermindert ansteigt – auf 323 Tote im Wintersemester 1917/18 [76] – findet keine Erwähnung. Was nicht ausschließt, daß Betroffenheit doch geäußert wird; ins Protokollbuch gelangt nichts davon. Auch die fortschrittlichen Freischaren, die im Juli 1914 ein Telegramm an den Kaiser geschickt haben, er möge den Krieg verhindern, sind alle freiwillig ins Feld gezogen. [77] *„Der Verein ist durchaus dagegen, den nationalen Frauenausschuß für dauernden Frieden zu unterstützen"*, heißt es in einer Notiz vom 1. Dezember 1915. [78] Daß die Münchnerin Maria Zehetmaier ein Schreiben *„gegen den Krieg"* gesandt hat, für das sie Unterschriften sammelt von akademisch gebildeten Frauen, steht kommentarlos im Protokollbuch. [79] Und wer sich wie Gertrud Rosenthal, Studentin der Physik aus Königsberg, gegen einen Einsatz in den Munitionsfabriken ausspricht und noch dazu äußert, daß die Kommilitonen nur an die Front gingen, *„weil sie unter der Knute standen"*, muß sich fragen lassen, ob er noch länger in der Gemeinschaft bleiben könne. Am 18. Juli 1917 reicht Gertrud Rosenthal schriftlich ihren Austritt ein. [80]

Die innere Mobilmachung vom November 1917 und das „Gesetz über den vaterländischen Hilfsdienst" vom 5. Dezember desselben Jahres bewirken Diskussionen im Studentinnenverein. Das Gesetz gebietet die allgemeine Arbeitsdienstpflicht für alle Männer vom 17. bis 60. Lebensjahr. Frauen sind ausdrücklich ausgenommen, [81] mit ihrer freiwilligen Hilfe allerdings wird gerechnet. Doch so freiwillig ist die Hilfe der Frauen nicht: die meisten sind seit Umstellung der Wirtschaft auf Kriegsproduktion arbeitslos und gezwungen, in der Rüstungsindustrie zu arbeiten, da sie als Soldatenfrauen wenig staatliche Unterstützung erhalten. [82] Aber weder der Vorsatz, diesen Frauen nicht die Arbeitsplätze wegnehmen zu wollen noch der Konflikt zwischen vaterländischer Gesinnung und dem Wunsch (und der Verpflichtung), das Studium zu beenden, hält die Mitglieder des Studentinnenvereins davon ab, *„zur Übernahme jeglicher Arbeit freudig bereit (zu sein), wenn es das Vaterland verlangt".* [83] Es wird beschlossen, sich über den Verband der Studentinnenvereine Deutschlands direkt an das Kriegsamt zu wenden. So kommt der Kontakt mit Ella Delbrück zustande. Und am 9. Februar 1917 heißt es dann: *Die Mehrheit des Vereins glaubt, daß wir unsere Pflicht gegen*

75 Ebda. Bestand Xr, 3. S. 49.

76 Amtliches Verzeichnis der Lehrer, Behörden, Beamten und Studierenden d. Großherzogl. Herzogl. Sächsischen Gesamtuniversität Jena im Winter - Halbjahr 1917/18. Jena 1917. S. 3 ff.

77 Nipperdey, Thomas. A.a.O. S. 122.

78 Der deutsche Frauenausschuß für Frieden und Freiheit tritt ab 1915 gegen den Krieg und für Verständigung ein (Gründung des Internationalen Ausschusses für Frieden und Freiheit unter deutscher Beteiligung in Den Haag). Vgl. Lexikon der deutschen Geschichte. Stuttgart 1983. S. 381.

79 Stadtarchiv Jena. Bestand Xr, 4. S. 23.

80 Ebda. S. 50 ff.

81 Vgl. die Eingabe des Bundes Deutscher Frauenvereine, unterzeichnet von Dr. Gertrud Bäumer: „Der Bund Deutscher Frauenvereine ... wünscht zu der Gesetzesvorlage zur Einführung des Vaterländischen Hilfsdienstes zum Ausdruck zu bringen, daß die deutschen Frauen stolz und freudig die Verpflichtung zum vaterländischen Hilfsdienst übernehmen würden, wenn das Gesetz sie auch ihnen auferlegen würde ... wir möchten keinen Zweifel darüber lassen, daß unserm eigenen vaterländischen Bewußtsein die Erklärung der gleichen Zivildienstpflicht für Männer und Frauen am meisten entsprochen haben würde. Da man hiervon Abstand genommen hat, erklären wir, daß auch ohne staatlichen Zwang die deutschen Frauen bereit sein werden zu jeder Arbeit, die der Stärkung der deutschen Wehrkraft und der wirtschaftlichen Widerstandsfähigkeit dienen kann ... " Zeitschrift „Die Studentin". V. Jahrgang. Nr. 9/1916. S. 66.

82 Zur Arbeitslosigkeit der Frauen in den Kriegsjahren vgl. auch die Zeitschrift „Die Frau": 9/1914, S. 720, S. 743. 10/1915, S. 58. 11/1915, S. 72, S. 119.

83 Stadtarchiv Jena. Bestand Xr, 3. S. 131 f.

die Universität erfüllt haben. Es gilt jetzt, für den Krieg zu leben." [84]

Vom Packen zahlloser Feldpakete ist die Rede, von der Ausgabe der Milch- und Kohlekarten und der Fürsorge für die erblindet aus dem Krieg zurückgekehrten Soldaten auf dem Forst und von Geschichtsunterricht (!) für blinde Soldaten. *„Wir halfen im Kinderhort und bei Spielnachmittagen",* heißt es im Semesterbericht des Wintersemesters 1914/15, *„bei Zählungen und Sammlungen. Besonders viel Hilfe wurde bei der Kriegsnachrichtenstelle der Universität Jena gebraucht. Dort werden die ausländischen Zeitungen gesammelt und gesichtet. Die Arbeit wurde fast ausschließlich von unseren Mitgliedern geleistet. Die Sammlung, die mit einem von uns angelegten Zettelkatalog versehen ist, wird von der Universitätsbibliothek übernommen. Einige von unseren Mitgliedern sind infolge des Krieges als Aerztinnen, Pflegerinnen oder Lehrerinnen tätig."* [85]

Im Oktober 1917 erscheint der „Aufruf zur Munitionsarbeit", verfaßt von Elfriede Dieckmann, mittlerweile erste Vorsitzende des Verbandes der Studentinnenvereine Deutschlands (V.St.D.), in der Verbandszeitschrift „Die Studentin". *„Man braucht uns !"* resümiert sie. *„Wie lange schon leiden viele von uns unter dem Konflikt zwischen dem Wunsch nach einem Leben für diese gewaltige Zeit und der Gebundenheit an die so ganz persönliche akademische Ausbildung."* Und sie endet mit den Worten: *„In treuvaterländischer Gesinnung, in vollem Bewußtsein für die soziale Verantwortlichkeit und Bedeutung unserer Rüstungsarbeit werden wir diese Arbeit tun. Das wird erwartet von allen Studentinnen, in erster Linie aber von den Mitgliedern des V.St.D.".* [86]

Käthe Weber leitet zuerst in Jena ein Zweiglazarett und geht dann als Bakteriologin nach Bosnien und Montenegro, die Studentin der Naturwissenschaften Alexandra von Ranke arbeitet als Helferin in einem Lazarettzug, Ilse Büchting und Elfriede Dieckmann, Studentinnen der Mathematik und Naturwissenschaften, montieren Funkgeräte. Ende Oktober 1917 tragen sich alle Vereinsmitglieder in die Hilfsdienstlisten ein und gewähren damit dem Kriegsamt einen Überblick über die Reserven. [87] *... es geht um die Ehre der Studentinnen",* erklärt Gertrud Schirmer, Studentin der Mathematik und Naturwissenschaften, mit Nachdruck, *„die sich mit dieser Tat ihre Daseinsberechtigung erkämpfen müssen; es geht um die Ehre aller deutschen Frauen, die im Entwicklungskampf der Kultur Gleichberechtigung neben dem Manne verlangen und mit dieser Tat ihren unbesiegbaren Willen beweisen müssen."* [88]

Doch schon im November wird im Verein bekannt, daß *„bei Zeiß im Hilfsdienst arbeitende Studentinnen die Arbeit niederlegen, da infolge des Verbots der Heimarbeit ein Überangebot an Arbeitskräften vorhanden ist."* Und es wird konstatiert: *„Im Interesse der Arbeiterschaft ist ... eine Arbeitsniederlegung, selbst wenn sie den Studentinnen vorgeworfen wird, unbedingt geboten."* [89] Einen Monat später erreicht den Verein die Tübinger Erklärung, wonach der Tü-

7 S. 20, unten links:
3. Vereinsabend. 1. Ordentliche Hauptversammlung vom 22. Mai 1917.
Stadtarchiv Jena. Bestand Xr, 4. S. 29

Aufruf zur Munitionsarbeit von Elfriede Dieckmann
Zeitschrift „Die Studentin". VI. Jahrgang. Nr. 6/1917, S. 33

DIE STUDENTIN

VSTD. Verband der Studentinnenvereine Deutschlands VSTD.
Schriftleitung: Berlin SW., Belle-Alliance-Straße 46a.

| VI. Jahrg. | Abonnement (6 Nrn. im Jahr) 2 Mk. pro Jahr, 1 Mk. pro Semester. Alle Nachrichten für »Die Studentin« werden erbeten an Claudia Alexander-Katz, cand. chem., Berlin SW., Belle-Alliancestr. 46a. Tel.: Lützow 2801. (Abends 7–8.) Berlin, den 3. Oktober 1917. | Nr. 6 |

Der Vorstand des „V. St. D."

1. Vorsitzende: Elfriede Dieckmann, cand. rer. nat., Jena, Johannistr. 6.
2. Vorsitzende: Claudia Alexander-Katz, cand. chem. Berlin SW., Belle-Alliancestr. 46a.
1. Schriftführerin: Erika Schmidt, cand. chem., Frankfurt a. M. West, Markgrafenstr. 4 Eg.
2. Schriftführerin: Margarete Vester, cand. phil., Jena, Schillergäßchen 1.
Schatzmeisterin: Margarete Schecker, stud. paed. Leipzig, Fürstenstraße 8 III links.

Alle Beiträge für die „Studentin" sind zu richten an: Claudia Alexander-Katz, cand. chem. Berlin SW., Belle-Alliancestr. 46a.

Alle Mitteilungen und Anfragen, die Verschickung der „Studentin" und Inserate betreffend, sind zu richten an: Margarete Vester, Jena, Schillergäßchen 1.

Die nächste Nummer erscheint am 3. November. — Redaktionsschluß 15. Oktober.

Aufruf zur Munitionsarbeit!

Verbandsschwestern!

Der Ernst der Stunde ruft uns zur Mithilfe bei dringendster Augenblicksarbeit, zur Mithilfe bei der Verteidigung unseres geliebten Vaterlandes.

Zu wiederholten Malen schon haben wir unsere freudige Bereitwilligkeit erklärt. Stets wurden wir zurückgewiesen: Unsere erste Pflicht sollte sein die Fortsetzung des Studiums als notwendige Zukunftsarbeit. Jetzt aber ist der Augenblick gekommen, da diese Pflicht einer höheren weichen muß.

Man braucht auch uns! Das wird jede einzelne von uns mit Stolz und Freude erfüllen. Wie lange schon leiden viele von uns unter dem Konflikt zwischen dem Wunsch einem Leben für diese gewaltige Zeit und der Gebundenheit an die so ganz persönliche akademische Ausbildung.

Andere wieder sind unter uns, denen das Verlassen des Studiums ein schweres Entsagen, oft sogar ein Opfer der ganzen Familie ist. Ich weiß, daß auch sie jetzt mit gleicher Selbstverständlichkeit ihr Opfer bringen werden. Nun ist die Frage, ob die Aufgabe des Studiums dem Nutzen entspricht, durch die bittere Notwendigkeit gelöst.

Liebe Kommilitoninnen! Wir können in Wahrheit stolz darauf sein, daß man uns zu Pionieren ausersehen hat. Viele von uns haben diese Pionierarbeit schon in den Ferien auf sich genommen.

Nun werden alle folgen. In treuvaterländischer Gesinnung, in vollem Bewußtsein der sozialen Verantwortlichkeit und Bedeutung unserer Rüstungsarbeit werden wir diese Arbeit tun. Das wird erwartet von allen Studentinnen, in erster Linie aber von den Mitgliedern des V. St. D.

Elfriede Dieckmann,
1. Vors. des V. St. D.

33

binger Studentinnenverein seine Mitglieder aufgefordert hat, wegen der Lage auf dem Arbeitsmarkt nicht in der Rüstungsindustrie zu arbeiten.[90] Auch die Kieler Studentinnen erklären, *"daß sie von der Notwendigkeit ... zum Hilfsdienst noch nicht überzeugt sind ... "*[91] Am 22. Oktober 1918 zeichnet der Jenaer Studentinnenverein zum letztenmal eine Kriegsanleihe von 100 Mark.[92] In der Zusammenkunft am 20. November dreht sich die Diskussion um Verstaatlichung der Betriebe und die Einheitsschule, den künftigen Völkerbund und die Trennung von Kirche und Staat.[93] In der Jenaischen Zeitung desselben Datums wird unter der Rubrik „Aus der Stadt" gemeldet, daß ein *Vollzugsausschuß des Arbeiter- und Soldatenrates ... sich hier gebildet (hat), dessen Geschäftsstelle im Agronomenhaus am Löbdergraben untergebracht werden soll ... "*, und eine Meldung auf der Titelseite kündigt die Wahlen zur Nationalversammlung für den Februar 1919 an.[94]

[84] Ebda. Bestand Xr, 4. S. 14.

[85] Zeitschrift „Die Studentin". IV. Jhg. Nr. 3/1915. S. 33 f.

[86] Ebda. VI.Jhg. Nr. 6/1917. S. 33.

[87] Beteiligung des Studentinnenvereins an der „Kriegsarbeit": Stadtarchiv Jena. Bestand Xr, 3. S. 43 f S. 46. Bestand Xr, 4. S. 14 f. S. 33. S. 42. S. 66. S. 69. S. 72. S. 85. S. 94. S. 96 f.

[88] Zeitschrift "Die Studentin". VI. Jhg. Nr.7/1917. S. 41.

[89] Stadtarchiv Jena. Bestand Xr, 4. S. 72. S. 75 f.

[90] Ebda. S. 78.

[91] Ebda. S. 75.

[92] Ebda. S. 120.

[93] Ebda. S. 124.

[94] Jenaische Zeitung vom 20. November 1918.

Zwischen Selbstbewußtsein und Selbst-zweifel — geistiges Leben im Verein

In keinem Jahr vor Beendigung des ersten Weltkrieges hat sich der Jenaer Studentinnen-verein geistig so profiliert wie 1917. Das ist vor allem auf den Einfluß der Vorsitzenden Gertrud Liebmann und auf Elfriede Dieckmann zurück-zuführen, die bei der Gestaltung des Vereins-lebens eine entscheidende Rolle spielen. Was bisher nur in Ansätzen vorhanden ist (und nach 1920 wieder verlorengeht), eine verantwor-tungsbewußte Lebensgestaltung in der Gemein-schaft bei gleichzeitiger Hinwendung zur sozia-len Problematik – das bestimmt nun das Niveau der Vereinsabende. Die Bodenreform nach den Vorstellungen des Reformers Adolf Damaschke[95] ist ebenso Thema eines Vereinsabends wie der pädagogische Entwurf des Reformpädagogen Hermann Lietz, der in seinem von ihm begrün-deten Landerziehungsheim Haubinda den Er-ziehungsprozeß in Wissensvermittlung und prak-tische Arbeit teilt und die Koedukation im von ihm gleichfalls begründeten Landschulheim Wickersdorf eingeführt hat. Sein Konzept setzt den gymnasial-humanistischen Bildungsinhalten einen auch künstlerisch bzw. praktisch gepräg-ten Schulalltag entgegen und strebt ein freund-schaftlicheres Verhältnis im Zusammenleben zwischen Lehrern und Schülern an, was von den Studentinnen des Vereins diskutiert wird.[96] Schon im März 1916 schreibt die Philologiestudentin Ilse Neumann in einem Beitrag für die „Studen-tin": *„Meiner Meinung gehört (zum Studium, U.M.) auch, daß man sich im öffentlichen Le-ben umsieht ... , daß die Studentin den politi-schen, literarischen, künstlerischen, sozialen Fragen ihrer Zeit nicht unwissend und fremd gegenüberstehen darf ... In jedem Verein sollte es Möglichkeiten geben, sich über Frauenfra-gen, Literatur und politische Fragen zu unter-richten. Dies ist nur durch tätige Mitarbeit der älteren Mitglieder möglich. Die Generation vor uns hatte die Pflicht, uns Studienmöglichkeiten zu erkämpfen. Sie hat ihre Aufgabe gelöst ! Wir können unsere Dankesschuld nur abtragen, indem wir wieder einen Teil unserer Zeit und Kraft in den Dienst der jüngeren Generation stellen. Einsicht und Notwendigkeit zwingt uns, aus bloßen Studentinnen ihrer Aufgabe bewuß-te Frauen und Staatsbürgerinnen zu werden und auch anderen dabei zu helfen."*[97] Dem liegt eine geistige Haltung zugrunde, die ganz selbstver-ständlich eingebettet ist in eine nationale, je-doch nicht chauvinistische Gesinnung. Pazifisti-sche Gedanken finden dort ebensowenig Platz wie radikale Forderungen nach Gleichheit der Geschlechter. Im Gegenteil wird *„die Ausgestal-tung des weiblichen Einschlags in der Kultur"* als *„positives"*, die Frauenemanzipation als *„ne-gatives Ziel"* bezeichnet.[98] Diese Betonung der Andersartigkeit entspricht der gemäßigten, vor allem von der Frauenrechtlerin Gertrud Bäumer vertretenen Auffassung, einen eigenen, spezi-fisch weiblichen Beitrag zur Lösung der sozia-len Frage leisten zu wollen. Nicht Gleichheit ist das Ziel, sondern weibliche Identitätsfindung. Und das heißt für die Frauen: nicht Selbstver-wirklichung, sondern Dienen, in Heil- und Pflegeberufen, in der Sozialarbeit, als Lehrerin.[99]

Im *„akademischen Beruf ihre weibliche Eigen-art zu bewahren und zu entwickeln"*[100] – darin sehen die Studentinnen des Vereins eine ihrer Aufgaben. Der Frauenbewegung fühlen sie sich allein durch die Tatsache verbunden, daß sie sich das Recht nehmen zu studieren. *„Was die Frau-enbewegung an sich betrifft ... "*, meint aller-dings Hanna Zeitschel, Studentin der Germani-stik und Geschichte im Juni 1916 in der Zeit-schrift „Die Studentin", *„die meisten von uns stehen ihr fremd gegenüber ... Manche Ideale unserer Vorkämpferinnen sind uns fremd ge-worden. Uns hält das einseitige, das interna-tionale, teilweise auch das demokratische ihrer politischen Tendenzen fern, wir wollen auch nicht gegen die bestehenden Staatsordnungen und gegen die Männer als Männer kämpfen ... Unsere Kommilitonen sind jetzt draußen im Feld, während wir ungestört unser Studium vollenden dürfen ... wir ... sind bedeutend*

Was man im Studentinnenverein suchen und finden konnte.

Wenn ich philosophisch-psychologische Studien über die Frau treiben will, so schließe ich mich einer fachwissenschaftlichen Gruppe an, will ich mich sozial betätigen, so finde ich hierfür leicht einen Kreis, der es mir vermittelt; suche ich nach politischer oder irgend einer sonstigen speziellen geistigen Anregung oder Gesinnungsgemeinschaft, so kann ich diese innerhalb oder außerhalb der Hochschule wohl finden. Es ist schön, wenn mir der Studentinnenverein in solchen Dingen Anregung gibt, ich trete ihm aber nicht bei, in der Erwartung, das eine oder andere bestimmt darin zu finden.

Bei unsern Verbandsvereinen ist die Idee der Zusammenschluß von Studentinnen als solchen, das und nichts anderes ist der Gedanke, der uns zusammenführt.

Ich sehe gar nicht ein, warum das als Idee für eine Gemeinschaft nicht genügen soll. Unser Name „Studentinnenverein", der besagt, daß wir Glieder einer deutschen Universität und daß wir Frauen sind, ist schon ein Programm. Daraus entstehen die schönsten und mannigfaltigsten Ziele, die soll und kann jeder Verein je nach seinen Mitgliedern sich nach Geschmack und Neigung selbst stecken. Wenn der Verband Richtlinien dafür aufstellt, so ist das dankenswert.

Es ist aber nach meiner Ansicht ganz verkehrt, die Grenzen ein für allemal so einzuengen, wie es jetzt versucht wird. Z. B. bin ich überzeugt davon, daß nicht nur ich, sondern auch andere durch die mangelnde Unbefangenheit abgehalten würden, sich einer Frauengruppe anzuschließen, die sich bewußt zentral darauf einstellt, ihr Eigenreich zu erforschen

und ihr Eigenreich zu errichten als Frauen. Außerdem finde ich es ziemlich viel verlangt, daß ich meine ganze Persönlichkeit für diese Gemeinschaft einsetzen soll. Und doch glaube ich, nicht aus Gedankenlosigkeit und Bequemlichkeit Verrat zu üben am Geist der akademischen Gemeinschaft; wie ich es um persönlicher Vorteile willen tun könnte, ist mir nicht klar.

Was ich im Studentinnenverein suche, ist eben die Gemeinschaft mit Studentinnen, einfach weil ich auch eine bin. Mit seinen Schulkameradinnen etwa ist die enge Zusammengehörigkeit durch die zahlenmäßige und räumliche Beschränktheit des Kreises ganz von selbst gegeben. Trete ich in den Kreis der Studentinnen ein, so ist zunächst nur in den Fachgenossen ein natürlicher Kreis vorhanden. Suche ich über diesen beschränkten Kreis hinaus nach Fühlung mit der Studentin als solcher, so gehe ich in den Verein.

Ich tue das aus dem Bedürfnis heraus, als Studentin mit den andern „an einem Strang zu ziehen", d. h., um meinem Zusammengehörigkeitsgefühl die Möglichkeit zur Auswirkung zu geben. Dort suche ich den Kreis, in den ich gestellt bin, in all seiner Buntheit und Mannigfaltigkeit, wie er doch zu einer Einheit zusammengeschlossen ist. Das geschieht z. T. aus sozialem Verantwortungsgefühl, und ich freue mich, wenn dort das Ideal der geistig selbständigen Frau, ethischer Idealismus, Bekenntnis zum Deutschtum hochgehalten werden. Aber abstoßend muß es sein, wenn diese Ideale krampfhaft gesucht und hauptsächlich durch mir unverständliche Worte gepflegt werden. Ich weiß z. B. nicht, wie ich es anstellen soll, die völlige innere Zustimmung zu der Idee der echten Frau, die nur denen möglich sein soll, die das volle Frauenschicksal ohne seine Erfüllung erlebt haben, zu erreichen.

Ich hoffe, daß sich nun auch Altmitglieder äußern über den Wert oder Unwert des Vereinslebens.

A l e x a n d r a v. R a n k e, rer. nat., Jena, z. Z. Berlin.

Was man im Studentinnenverein suchen und finden konnte.
Alexandra v. Rauke. Zeitschrift „Die Studentin". VIII. Jahrgang.
Nr. 4/5. Jena 1919

schneller anstellungsfähig geworden ... wir ... *wollen im Frieden nicht im ausgesprochenen Gegensatz zu ihnen unsre eigenen Interessen vertreten. Wir wünschen gemeinsam mit ihnen am friedlichen Aufbau des Reiches zu arbeiten. In diesem Sinne lehnen wir den Kampf ab, in diesem Sinne sind wir aber auch bereit, 'die Frauenbewegung in die Kulturbewegung als solche' umzusetzen."* [101]
Dabei sehen die Vereinsmitglieder ihre Lage als Frauen in einer Männergesellschaft durchaus skeptisch. Das reicht vom Zweifel an den weiblichen intellektuellen Fähigkeiten bis zu der Feststellung, *„daß die Frau in der Geschichte keine objektiven Werte geschaffen hat"*. [102] Die später wegen pazifistischer Äußerungen aus dem Verein entfernte Physikstudentin Gertrud Rosenthal formuliert das so:*„ ... in der jetzigen Männerkultur hat die Frau keinen Platz, etwas Gleichwertiges dem Manne gegenüberzustellen. Die*

Kultur muß erst umgeschaffen werden." [103] Das entspricht dem Sprachgebrauch der Zeit und meint eine Gesellschaft, die reformbedürftig ist.

95 Stadtarchiv Jena. Bestand Xr,4. S. 6 f. u. S. 27.

96 Ebda. S. 70 f.

97 Zeitschrift „Die Studentin". V. Jhg. Nr. 3/1916. S. 16 ff.

98 Stadtarchiv Jena. Bestand Xr, 4. S. 64.

99 Vgl. Nipperdey, Thomas. A.a.O. S. 86 f.

100 Stadtarchiv Jena. Bestand Xr, 4. S. 64.

101 Zeitschrift „Die Studentin". V. Jhg. Nr.6/1916. S.42.

102 Stadtarchiv Jena. Bestand Xr, 4. S. 34 f. Es handelt sich um eine Diskussion über Helene Langes Buch „Intellektuelle Grenzlinien zwischen Mann und Frau". 2. vervollständigte Auflage. Berlin 1899.

103 Ebda. S. 34.

Die Diskussion über das Frauenstimmrecht am 10. Juli 1917 ist sowohl vom Zweifel daran geprägt, ob die Frauen das Wahlrecht überhaupt wünschen wie auch von der Gewißheit, daß mit der Pflicht das Interesse kommt. So endet die Aussprache folgerichtig mit der Schlußbemerkung: *„Einigkeit herrschte ... in den Ansichten über die Notwendigkeit unserer politischen Erziehung und über die Benachteiligung der Frau vor dem Gesetz".* [104]

Diese geistig offene, sozial engagierte Atmosphäre wird so nicht fortbestehen. Mit Bedauern konstatiert im Jahre 1925 Elfriede Farenholz - Dieckmann, Kassenwart des Altmitgliederbundes des Verbandes der Studentinnenvereine Deutschlands, daß sich *„eine ganz unproblematische Einstellung zu Kultur- und Lebensfragen, nur mit dem Willen zur 'Freude an der Freude'"* im Jenaer Studentinnenverein durchgesetzt hat und daß *„eine Auffassung der Vereinsgestaltung wie sie ... im Verein war in der Zeit 1917-1920"* nicht mehr angestrebt wird. [105]

Soziale Arbeit, soziale Kontakte

■ Vor allem in der Zeit des Ersten Weltkriegs, aber auch in den Jahren davor, pflegt der Jenaer Studentinnenverein vielfältige Kontakte innerhalb der städtischen und Universitätsstrukturen. Am 22. Dezember 1913 wird die studentische Vortragsvereinigung gegründet, eine Initiative der Freistudenten. Der Verein beschließt seinen Beitritt bereits auf dem Vereinsabend am 2. Dezember 1913, beteiligt sich an den akademischen Arbeiterunterrichtskursen und entsendet Vertreterinnen in den Krankenkassenausschuß. Bis zum Jahre 1916 beträgt der Beitrag für die studentische Krankenkassenversicherung drei Mark pro Jahr. Die aus dem Studentinnenverein entsandte Vertreterin, die Studentin der klassischen Philologie Else Kaiser, kann eine Erhöhung des Beitrags auf fünf Mark im Sommersemester 1916 verhindern. [106] In den akademischen Sportausschuß [107] und die Studienauskunft werden gleichfalls Vertreterinnen entsandt. [108] Auskünfte über Wohnungs- und Studienverhältnisse gehören ebenso zum sozialen Angebot des Vereins wie die fachgerechte Beratung neu immatrikulierter Studentinnen zu Beginn eines jeden Semesters.

„Wir haben hier ein ziemlich reges Vereinsleben", berichtet Hanna Zeitschel, Studentin der Germanistik und Geschichte, *„ ... im Vordergrund des allgemeinen Interesses (stand) die soziale Frage. Wir brauchten, um die Teilnahme dafür im Mitgliederkreis zu wecken, keine besonderen Vorträge oder Diskussionen anzusetzen – obgleich auch dies geschehen ist –, die sozialen Probleme tauchten von allein immer wieder in den Gesprächen auf. Wesentlicher als alle Theorie erschien uns die praktische Arbeit, und mit ... lebhafter Beteiligung arbeiteten wir Hand in Hand mit der Jenenser sozialen Jugendgruppe in der Krippe, in den Kinderhorten und in den Kinderkliniken."* [109]

Sehr eng ist die Beziehung zu Frau Professor Glaue. Sie ist die Leiterin der Jenaer Vermitt-

[104] Ebda. S. 49. Die Aussprachen im Jenaer Studentinnenverein verweisen auf die verschiedenen Strömungen innerhalb der Frauenbewegung. Für die staatsbürgerliche Gleichberechtigung der Frau treten die radikaleren Vertreterinnnen der Frauenbewegung Minna Cauer (1888 Begründerin des Vereins „Frauenwohl") und Lilli Braun ein, während Helene Lange und Gertrud Bäumer (s. Personenregister) sich mehr auf „praktische Arbeit" beschränken, auf Berufs-, Bildungs- und Sozialpolitik. Vgl. Nipperdey, Thomas. A.a.O. S. 83.

[105] Stadtarchiv Jena. Bestand Xr, 7. Schriftverkehr 1925 bis 1929. Unpag.

[106] Ebda. Bestand Xr, 3. S. 117.

[107] Vgl. Semesterbericht des Jenaer Studentinnenvereins WS 1913/14. In: Zeitschruf „Die Studentin". III. Jhg. Nr. 3/1914. S. 22.

[108] Stadtarchiv Jena. Bestand Xr, 4. S. 17 ff.

[109] Zeitschrift „Die Studentin". V. Jhg. Nr. 6/1916. S. 42. Hanna Zeitschel ist zu diesem Zeitpunkt Vorsitzende des Vereins.

lungsstelle für den militärischen Hilfsdienst und referiert im Verein über das Frauendienstjahr und „*die 'Einberufung' im Kriegsfalle*". [110]

Bei Zusammenkünften meist festlichen Charakters sind Professoren der Jenaer Universität zu Gast. So wird das Sommerfest des Vereins im Juli 1914 u.a. von den Professoren Delbrück, Rein und Winkelmann besucht [111]. Mitglieder des Studentinnenvereins wiederum reihen sich ein in die Gratulationscour zu Rudolf Euckens 70. Geburtstag im Januar 1916. [112] Öfters, so auch zu einem Vereinsabend in der „Sonne" im Januar 1917, werden die Frauen der Professoren eingeladen: Frau Geheimrat Eucken, Frau Professor Reger, Frau Professor Grisebach, Frau Professor Cartellieri, Frau Professor Winkelmann, Frau Professor Rein und als Vertreterin der Stadt Frau Oberbürgermeister Fuchs. [113] Zu den offenen Abenden des Theologen Heinrich Weinel sind auch die Mitglieder des Studentinnenvereins willkommen. [114] Und in einer Notiz vom 17. März 1913 heißt es: „*Auf dem Ball Sr. Magnificenz des Herrn Prorektors und seiner Frau Gemahlin war der Verein durch Schriftführerin und Kassenwart vertreten.*" [115]

Studentinnenverein Jena.

Semesterbericht S.-S. 1914.

Unser Verein bestand im S.-S. 1914 aus 42 Mitgliedern (19 ordentlichen, 13 außerordentlichen und 10 Altmitgliedern) gegenüber 26 im vorigen Semester. Zum Begrüßungsabend waren Einladungen an alle neu immatrikulierten Studentinnen ergangen; mehrere von den zahlreich erschienenen Gästen traten dem Verein bei. Im Semester fanden regelmäßige Zusammenkünfte allwöchentlich im Vereinszimmer statt. Wir hatten uns zum gemeinsamen Studium Rosa Mayreders Buch »Kritik der Weiblichkeit« gewählt. Mitglieder hielten Referate über einzelne in dem Buche aufgerollte Fragen, denen meist eine rege Diskussion folgte. An schönen Abenden ging es im Anschluß an die Vereinssitzung noch auf einen nahen Berg oder hinunter an die Saale. Einigemal traten Ausflüge an die Stelle der Vereinssitzung. Auch Sonntags vereinigten sich zuweilen Mitglieder zu längeren Spaziergängen.

Am 28. Juni trafen wir uns mit den Leipziger und Hallenser Kartellschwestern in Leipzig; unter sachkundiger, freundlicher Führung des Leipziger Vereins besuchten wir die Bugra und das Völkerschlachtdenkmal.

Den Höhepunkt des Semesters bildete unser Sommerfest, das nach dreijähriger Pause am 4. Juli stattfand.

Trotz des äußerst feuchten Anfangs nahm es einen fröhlichen, langen Verlauf. Lebhaften Beifall fand Kotzebues Stück »Die deutschen Kleinstädter« bei den zahlreich erschienenen Gästen, unter denen sich zu unserer großen Freude viele Dozenten mit ihren Frauen befanden. Auch die Bauerntänze mußten auf vielfachen Wunsch wiederholt werden.

Ein ebenso vergnügter Katerbummel am nächsten Tage gab uns noch eine schöne Gelegenheit zu Spiel und Tanz. Das Fest wird uns eine schöne Erinnerung sein; besonders, weil es uns zeigte, wieviele Freunde wir hier schon besitzen.

Bei dem akademischen Sportfest beteiligten wir uns am Tambourinspiel und gewannen einen Wanderpreis, eine schöne getriebene Messingdose, gestiftet von den Damen der Universität.

Unser Verein vertreten beim Ausschuß zur Verwaltung des idealen Fonds, er stellte die Kassierin in der studentischen Vortragsvereinigung und hat ebenso eine Stimme in dem Sportausschuß.

Rege beteiligten sich unsere Mitglieder an der sozialen Jugendarbeit, die hier von einem neu gegründeten studentischen Arbeitsausschuß, dem unsere Vorsitzende angehört, geleitet wird.

Semesterbericht 1914 (Auszug). Zeitschrift „Die Studentin". IV. Jahrgang. Nr. 1/1915. Kriegsnummer des Wintersemesters 1914/15. 20. Februar 1915

---

[110] Stadtarchiv Jena. Xr, 4. S. 68 und S. 86. Zum Frauendienstjahr äußert Gertrud Bäumer: „*Die weibliche Dienstpflicht besteht in der Übernahme von Ehrenämtern in der Wohlfahrtspflege, Vormundschaft, Armenpflege, Waisenpflege, Jugendfürsorge usw. Diese bürgerliche Pflicht sollte in derselben Weise wie den Männern allen Frauen auferlegt werden.*" (Zeitschrift „Die Frau". Juni 1915. S. 517) Nach Ausbruch des Krieges konstatiert Margarete Trenge: „*Die Frau muß eingereiht werden in die große Arbeitsgemeinschaft, da sie gebraucht wird. Das ist der Sinn ihres Frauendienstes: für die Aufgaben, die ihr in diesem Arbeitsorganismus zufallen, bereit zu sein. Diese Grundlage ... war vor dem Krieg aufgestellt und hat durch den Krieg ihre Berechtigung erwiesen.*" (Zeitschrift „Die Frau". November 1915. S. 89) Eine andere Haltung nimmt der Verein Frauenbildung-Frauenstudium ein: Er „*spricht die Überzeugung aus, daß das 'weibliche Dienstjahr' sich vorerst nicht im Rahmen eines Systems verwirklichen läßt. Es gilt vielmehr, die Erziehung der Frau in der Richtung ihrer staatsbürgerlichen Gesinnung zu entwickeln ...* " (Zeitschrift „Die Frau". Juli 1916. S. 635.)

[111] Stadtarchiv Jena. Bestand Xr. 3. S. 29.

[112] Ebda. S. 76.

[113] Ebda. S. 29.

[114] Ebda. S. 51.

[115] Ebda. S. 17.

Innerhalb der Stadt kommt es zu einer Zusammenarbeit mit dem Ortsverein des deutsch-evangelischen Frauenbundes [116] in bezug auf Wohnungsvermittlung und der Ortsgruppe des Deutschen Bundes Abstinenter Frauen. Sie wird von Marie Preller geleitet, Lehrerin an der Nordschule. Auch mit der Jenaer Jugendgruppe für soziale Hilfsarbeit treffen sich Vereinsmitglieder zu gemeinsamen Vortragsabenden. [117] *„Auf Anfrage des Vereins Frauenwohl [118] erklärt sich der Studentinnenverein bereit zweimal wöchentlich die Aufsicht in dem neugegründeten Heim für berufstätige Mädchen zu übernehmen"*, lautet eine Notiz unter dem Datum vom 8. Dezember 1915. [119]

Ebenso stellen sich die Mitglieder des Jenaer Studentinnenvereins in den Semesterferien für die Betreuung erholungsbedürftiger Volksschulkinder und für den Unterricht in der Chirurgischen Kinderklinik zur Verfügung. Bereits

8 Auszug aus dem Protokollbuch. 12. Vereinsabend, 23. Januar 1917. Stadtarchiv Jena. Bestand Xr, 4. S. 5.

im Februar 1915 wird beschlossen, dem Literarischen Museum beizutreten, damit die Vereinsmitglieder im Volkshaus arbeiten dürfen. Denn die *„Petroleumnot, die infolge des Krieges entstanden ist"*, beeinträchtigt das Studium. [120]

Beziehungen zu anderen Ortsvereinen des Studentinnenverbandes im Deutschen Reich entwickeln sich über die zahlreichen Rundschreiben, die von den Vereinen aus Freiburg, Tübingen, Marburg u.a. eingehen und zu geistiger Auseinandersetzung anregen. *„Eine engere Beziehung zu dem Verein Halle wird erstrebt"*, heißt es in den Satzungen. [121] Und so kommt es zu verschiedenen Zusammenkünften mit den Vereinen Halle und Leipzig und am 11. Juli 1915 zu einem Treffen in Jena. *„Unseren Gästen gefiel Jena ausgezeichnet in seiner gemütlichen Eigenart"*, ist im Protokollbuch vermerkt. [122] Allerdings bleibt diese Begegnung die vorläufig letzte, wegen der in Kriegszeiten eingeschränkten Verkehrsverbindungen. Zu den jährlich stattfindenden Tagungen des Verbandes der Studentinnenvereine Deutschlands werden Delegierte entsandt, zum achten Verbandstag 1917 Gertrud Liebmann und Elfriede Dieckmann. [123]

[116] Ebda. S. 97. – Der deutsch-evangelische Frauenbund tritt 1908 dem Bund deutscher Frauenvereine (BDF) bei. Vor allem wegen seiner kontroversen Meinung zum Frauenwahlrecht trennt er sich 1918 wieder vom BDF. Vgl. Nipperdey, Thomas. A.a.O. S. 85 ff.

[117] Ebda. Bestand Xr, 4. S. 75.

[118] Der Verein Frauenwohl, 1889 von Minna Cauer gegründet, später von Else Lüders geleitet, gilt als radikaler Flügel der Frauenbewegung. In Jena ist der Verein ab 1902 unter Vorsitz der Bergratswitwe Franziska Boegehold nachweisbar, die dem Verein bis 1909 vorsteht. Sie und die Sprachlehrerin Anna Snell, Schwester der Frau Ernst Abbes, sind Delegierte der 5. Generalversammlung des Bundes Deutscher Frauenvereine in Wiesbaden vom 3. bis 7. Oktober 1902. Anna Snell gehört dem Verein bis 1914 an. - Stadtmuseum Jena. Dokumentenfundus. Hinterlassenschaft Franziska Boegehold. F 4, 605, 1 bis 3. F 4, 607. F 4, 608, 2. - Am 5. April 1904 spricht Else Lüders im Verein zum Thema „Die Frauen und die Heimarbeit". - Stadtarchiv Jena. B II IXh Nr. 40 Bl. 17.

[119] Stadtarchiv Jena. Bestand Xr, 3. S. 75.

[120] Ebda. S.44 f. S.53. Bestand Xr, 4. S. 76 . S.92. S. 103.

[121] Ebda. Bestand Xr, 1. Satzungen des Studentinnenvereins Jena. Typoskript 1926. S. 3.

[122] Ebda. Bestand Xr, 3. S. 59.

[123] Ebda. Bestand Xr, 4. S. 18.

Aus den Protokollen geht (unter dem Datum vom 15. Juni 1915) hervor, daß der *„Antrag Marburg betr. Aufnahme des Verbandes in den Bund deutscher Frauenvereine ... erst nach dem Krieg erörtert werden (kann)."*[124] Am 1. Dezember 1915 wird beschlossen, die *„Mitgliedschaft im akademischen Hilfsbund durch eine einmalige Zahlung von 1000 M zu erwerben"*, was bedeutet, daß jedes ordentliche Mitglied zwei Mark zu zahlen hat.[125] Im Juli 1916, als der Studentinnenverein Jena nicht zur Wahl der Delegierten für die Tagung des Bundes deutscher Frauenvereine hinzugezogen wird, beschließen die Mitglieder, sich zu beschweren.[126] Ein Jahr später berichtet Elfriede Dieckmann über die Tagung des Bundes deutscher Frauenvereine, *„daß das politische Stimmrecht kommt. Dies soll uns ein Ansporn zu politischer Erziehung sein".*[127] In den Satzungen von 1926 wird die Mitgliedschaft im Bund deutscher Frauenvereine (BDF) und dem Akademischen Hilfsbund als gegeben konstatiert.[128]

---

[124] Ebda. Bestand Xr, 3. S. 55.

[125] Ebda. S. 73.

[126] Ebda. S. 103 f.

[127] Ebda. Bestand Xr, 4. S. 61. In Jena ist der Verein für Frauenstimmrecht unter der Leitung von Anna Auerbach nachweisbar. Er wird 1918 gegründet. Vgl. auch Stadtarchiv. B XIV g. Nr. 36 Bl. 6.

[128] Ebda. Bestand Xr, 1. Satzungen des Studentinnenvereins Jena. Typoskript. 1926. S. 3.

[129] Ebda. Bestand Xr, 4, S. 92.

[130] Die Oberlyzealbildung, der sogenannte vierte Weg, wird in Helene Langes Zeitschrift „Die Frau" kritisiert, da sie keine Vorbereitung für ein Universitätsstudium bietet. Die Frauenrechtlerin fordert die Einschränkung der Oberlyzeen und ihren Ersatz durch Studienanstalten, die den Mädchen dieselbe fundierte Ausbildung garantieren wie den Jungen und den Unterricht in Latein und Griechisch, in Mathematik, Physik und Chemie nicht aussparen. Den Oberlyzeistinnen, die sich nur an der philosophischen Fakultät einschreiben dürfen, ist einzig die Lehrerinnenlaufbahn gestattet. Das führt zu einer Überfüllung des philologischen Frauenstudiums und zu einem Überangebot von Kandidatinnen für das höhere Lehramt. Die Folge ist, daß ein Großteil der Frauen ohne Anstellung bleibt. Vgl. Zeitschrift „Die Frau". Mai 1912. S. 459. Februar 1913. S. 303 ff. Mai 1913. S. 498 f. Juli 1913. S. 622. November 1913. S. 115. Februar 1914. S. 315.

[131] Stadtarchiv. Bestand Xr, 3. S. 2 .

[132] Ebda. Bestand Xr, 7. Schriftverkehr 1925 - 1929. Unpag. Schreiben „Ende August 1929".

[133] Stadtarchiv. Bestand Xr, 4. S. 62.

[134] Zu den verschiedenen Funktionen von Vereinsmitgliedern vgl.: Stadtarchiv. Bestand Xr,4. S. 17 ff.

Innere Angelegenheiten

▉ Der Jenaer Studentinnenverein tagt bis Januar 1917 in der Ölmühle, dann – als das Zimmer dort zu klein wird – bei Vereinsmitgliedern, gelegentlich auch in der „Göhre" und ab 1918 im katholischen Gemeindehaus in der Wagnergasse. Jeweils im Februar und im Juli erfolgt die Wahl der Vorsitzenden, der ersten und zweiten Schriftführerin sowie des Kassenwarts für das kommende Semester. Für neu immatrikulierte Studentinnen werden eigens besondere Zusammenkünfte organisiert, die sogenannten Fuchsenstunden.[129] Sie sollen mit dem Anliegen und den Zielen des Vereins bekanntmachen. Wer sich um Mitgliedschaft bewirbt, kann aber auch abgelehnt werden, denn die Vereinsmitglieder verfahren nach dem Prinzip der Auslese. Bei einer Diskussion im Januar 1916 wird allerdings beschlossen, daß *„jede immatrikulierte Studentin ... aufgenommen werden (soll), ohne Rücksicht auf ihre Vorbildung".* Dieser Beschluß geht auf ein Schreiben des Breslauer Studentinnenvereins zurück, der keine Studentinnen mit Oberlyzealbildung aufnimmt.[130] Hörerinnen sind zu den Vereinsabenden als Verkehrsgäste oder Gastmitglieder zugelassen.[131] Großer Wert wird auf die fortdauernde Beziehung zu den auswärtigen und den Alt- und Ehrenmitgliedern gelegt. Mit ihren Briefen beleben sie noch Jahre nach ihrem Ausscheiden die Vereinsarbeit, besonders, wenn es sich um so aktive Persönlichkeiten wie Elfriede Dieckmann handelt, die in den zwanziger Jahren Kassenwart des Altmitgliederbundes ist.[132] Eine Zeit lang, ab dem Wintersemester 1917, existiert ein Erziehungsausschuß, der offensichtlich dazu dient, die Mitglieder zu disziplinieren.[133] Innerhalb des Vereins organisieren verschiedene Gruppen das Vereinsleben: Die Sport- und die Musikgruppe und die Gruppe für zeitgenössische Literatur (außer Gerhart Hauptmann wird allerdings kein Autor von Bedeutung gelesen), ferner eine soziale und eine sozialpädagogische Gruppe. Im Laufe der Jahre entsteht eine vereinseigene Bibliothek[134]. Hier wird „Die Studentin" gesammelt, das Verbandsorgan der Vereine studierender Frauen Deutschlands.[135] Im Juni und Juli 1919 wird „Die Studentin" in Jena herausgegeben. Zu diesem Zeitpunkt ist Margarete Kranz, Studentin der Jurisprudenz und der Kameralwissenschaften, Mitglied des Jenaer Studentinnenvereins, verantwortlich für die Redaktion.

Wanderungen und Spaziergänge, gemeinsames Schlittschuhlaufen und Rudern auf der Saale gehören ebenso zum Vereinsleben wie Mehrtagesausflüge in den Thüringer Wald und Feste zu Weihnachten und in der Sommerszeit.

Spuren und Perspektiven

▨ Das weitere Schicksal der meisten Mitglieder des Jenaer Studentinnenvereins kann leider nicht rekonstruiert werden, wie zum Beispiel der Lebensweg der Medizinstudentin Manja Droeder, die am 12. April 1912 den Pastor Paul Hermann Rothard heiratet,[136] oder nur lückenhaft wie die Biographie der Gertrud Schirmer, Studentin der Mathematik und der Naturwissenschaften, deren Kriegstrauung unter dem Datum vom 15. Januar 1918 im Protokollbuch vermerkt ist.[137] Sie lebt in den zwanziger Jahren in Berlin-Zehlendorf.[138] Daß sie als verheiratete Frau berufstätig wird, scheint undenkbar.

Von den etwa hundert Mitgliedern, die in der Zeit von 1913 bis 1918 dem Jenaer Studentinnenverein angehören, läßt sich nur bei einigen wenigen eine Aussage aufgrund der Altmitgliederlisten treffen. Die Mehrzahl der ehemaligen Studentinnen, mittlerweile zum Dr.phil. promoviert, bleibt, obwohl unverheiratet, ohne Anstellung. Eine Tatsache, die nur im ersten Moment erstaunt – die oft beklagte Überfüllung der philosophischen Fakultäten produziert folgerichtig eine Überschwemmung des Arbeitsmarktes mit hochqualifizierten Kräften, für die

sich kein festes Arbeitsverhältnis findet. Außerdem werden die aus dem Krieg heimgekehrten Männer vorgezogen. Wieviele dieser studierten Frauen Privatunterricht erteilen – Dr. Hildegard Sauerbier ist z.B. Mitglied des Deutschen Philologinnenverbandes (Allg. Dt. Lehrerinnenverband)[139] –, wieviele vielleicht von ihren Familien unterstützt werden, läßt sich nicht mehr feststellen. Nur drei Ärztinnen, eine Studienassessorin, eine Studienreferendarin und eine Studienrätin sind in den Altmitgliederlisten als Berufstätige ausgewiesen. Inwieweit diejenigen ehemaligen Studentinnen, die dem Altmitgliederbund nicht angehören, sich beruflich durchsetzen, ist nur im Fall der Ella Delbrück bekannt, die während des Ersten Weltkrieges im Kriegsministerium arbeitet. Damit ist eingetreten, was manche Förderer und auch Gegner des Frauenstudiums vorausgesehen haben: nicht im Studium selbst liegt die Schwierigkeit, sondern im Anspruch, die akademische Ausbildung in einer entsprechenden Arbeitsaufgabe umsetzen zu wollen. Eine der wenigen, die Studium und entsprechenden Beruf verwirklichen können, ist Käthe Weber, Dr.med. mit eigener Praxis in Erfurt. Sie bleibt unverheiratet und stirbt 1952. Ob sie bei ihrer Niederlassung als frei praktizierende Ärztin von ihrem Vater finanzielle Hilfe erhalten hat (sie ist die Erstgeborene von sechs weiteren Geschwistern), bleibt wie so vieles bei den Schicksalen der ehemaligen Mitglieder des Jenaer Studentinnenvereins im ungewissen.

Über die soziale Problematik der berufstätigen verheirateten Frau referiert im Juni 1925 auf dem 15. Verbandstag des Verbandes der Studentinnenvereine Deutschlands in Tübingen Elfriede Farenholz-Dieckmann, ehemals Studentin der Medizin und der Naturwissenschaften, in einem Vortrag mit dem Titel „Ist der Beruf der gebildeten verheirateten Frau ein geistiges Bedürfnis?". Beruf bedeutet für sie „auch jede ehrenamtliche Tätigkeit, die z.B. im sozialen Leben oder in Vereinen ausgeübt wird ... Es gibt Frauen, die in sich den unbedingten Drang fühlen, in die Weite zu wirken ... , die durch geistige Berufsarbeit zur persönlichen Vollendung streben, und endlich solche, für die das Streben nach materieller Unabhängigkeit in dem Sinne

9 Brief Dr. med. Käthe Weber

Im Semesterbericht von 1928 konstatiert Edith Pietrusky, nunmehr Schriftführerin des Jenaer Studentinnenvereins: *„Kennzeichnend für unseren Verein ist die Satzungsänderung am Ende des Sommersemesters. Ueber den Zweck des Vereins stand in den alten Satzungen: Gymnastik, Schwimmen, Wandern, Beschäftigung mit Kulturfragen liefern Inhalt und Rahmen für ernstes und heiteres Zusammensein. Statt dessen sehen wir den Sinn unseres Zusammenschlusses darin, dass wir 'im Bewusstsein weiblicher Art leben und arbeiten wollen.' Was uns einzeln im Verein am tiefsten verbindet, ist nicht nur unser gemeinsames Studium, ... sondern das Bemühen, Lebensformen zu finden, die den Anforderungen des Studiums, der geistigen Arbeit überhaupt, und unserem Frauentum gerecht werden. Wir wissen uns damit eingegliedert in die deutsche Frauenbewegung."* [143]

Das letzte Protokoll über eine Zusammenkunft des Jenaer Studentinnenvereins beschreibt den Abschlußabend des Wintersemesters am 25. Februar 1928. [144] Mit einem zusammenfassenden Bericht über das Wintersemester 1928/29 enden die Aufzeichnungen. [145] Als letztes Dokument findet sich in der Mappe "Drucksachen 1926 -1932" die Nummer 18 des Mitteilungsblattes für Altmitglieder vom Sommer 1932. [146]

massgebend ist, dass es ihnen ein geistiges Bedürfnis ist, selbst beim Erwerb des Lebensunterhaltes mit zu arbeiten ... " In der Diskussion über die Berufsarbeit der Frau als Konflikt, der zu einem Prüfstein der Ehe wird, stellt sie fest: *„Es gibt auch Fälle, wo die verheiratete Frau besser daran tut, ihre Hausfrauenpflichten bezahlten Kräften zu überlassen, als dem Beruf zu entsagen"* [140]. Elfriede Dieckmann ist ab 1918 Studienreferendar in Celle, [141] d.h. berufstätig, und Vorsitzende des Verbandes der Studentinnenvereine Deutschlands (V.St.D.). Auf dem Verbandstag des Verbandes 1925 in Tübingen ist sie schon eine verheiratete Frau mit zwei Kindern und arbeitet aktiv im Altmitgliederbund. Inwieweit sie ein Jahr später, nach der Geburt ihres dritten Sohnes, [142] noch berufstätig im engeren Sinne des Wortes ist, läßt sich nicht feststellen.

[135] „Die Studentin" bringt Nachrichten aus den Verbandsvereinen, Aufsätze über das Frauenstudium, Hinweise zu Stipendien und Preisaufgaben für studierende Frauen und im Anzeigenteil einen praktischen Ratgeber für das „Aufsuchen" einer neuen Universität. Die erste Ausgabe erscheint Februar 1912. Vgl. „Die Frau". Hrsg. von Helene Lange. März 1912. S. 379. Die Zeitschriftensammlung des Studentinnenvereins aus der Zeit von 1912 bis 1918 ist nicht erhalten geblieben.

[136] Stadtarchiv Jena. Bestand Xr, 2. Unpag. Vgl. auch Standesamtakten.

[137] Ebda. Bestand Xr, 4. S.77.

[138] Ebda. Bestand Xr, 7. Schriftverkehr 1925 - 1929. Unpag. Altmitgliederliste in : „Mitteilungsblatt. Nur für Mitglieder des Verbandes der Studentinnenvereine Deutschlands (V. St. D.)". Herausgegeben vom Altmitgliederbund. (A.M.B.) des V.St.D. Bremen, im Oktober 1925.

[139] Ebda. Brief v. 1. August 1919. Unpag.

[140] Ebda. Bestand Xr, 7. Schriftverkehr 1925 - 1929. S. 18.

[141] Vgl. Zeitschrift „Die Studentin". VII. Jhg. Nr. 6/1918. S. 45.

[142] Stadtarchiv Jena. Bestand Xr, 7. Schriftverkehr ... Rundschreiben der Elisabeth Göring vom 19. Januar 1926. Unpag.

[143] Ebda. Bestand Xr, 7. Schriftverkehr ... Unpag.

[144] Stadtarchiv Jena. Bestand Xr, 6. Unpag.

[145] Ebda.

[146] Ebda. Bestand Xr, 10.

Studentinnenvereine in Deutschland von den Anfängen bis in die zwanziger Jahre

Ab dem Jahre 1900 entstehen an den deutschen Hochschulen Vereine studierender Frauen, die sich 1906 zum „Verband studierender Frauen Deutschlands" zusammenschließen. Daraus geht der „Verband der Studentinnen Deutschlands" hervor. Seine erste Aufgabe besteht darin, den Frauen das akademische Bürgerrecht zu erstreiten. Nachdem das erreicht ist, entwickelt sich der Verband zu einer Interessengemeinschaft der Studentinnen. Seine Mitglieder erfüllen ihre Pflichten als akademische Bürgerinnen, fühlen sich der Frauenbewegung verbunden und erziehen einander zu geistig selbständigen Frauen. Das Mißtrauen oder gar die Feindschaft der Studenten und Dozenten lassen ihnen gar keine andere Möglichkeit, als sich in solchen Zweckverbänden wie den Studentinnenvereinen zusammenzuschließen. Die meisten lehnen die Korporationen ab und ziehen es vor, mit den Freistudenten zusammenzugehen. Einige ahmen aber auch die männlichen Kommilitonen nach und wählen die Korporation als Form der Vereinigung.

Die Studentinnenvereine bestehen auch nach Krieg und Revolution auf ihrem neutralen Charakter, frei von politischen und konfessionellen Bindungen. Die Wahrung der Fraueninteressen an den Universitäten bleibt das erklärte Ziel. 1915 tritt der Verband der Studentinnen Deutschlands dem Bund deutscher Frauenvereine bei.

Vereinigt der Verband anfangs nur sechs Vereine (Berlin, Bonn, Freiburg, Heidelberg, Marburg und München), so sind es 1916 bereits zwanzig. Allmählich setzt aber eine rückläufige Entwicklung ein. Aufgrund der Geldentwertung nach dem Ersten Weltkrieg geht das Zentralorgan des Verbandes, „Die Studentin", ein und wird erst ab Juli 1924 erneut herausgegeben. In der politisch aufgeheizten Atmosphäre der Nachkriegszeit sinken die Mitgliederzahlen, und die Zahl der Vereine selbst geht auf sieben zurück: Bonn, Halle, Jena, Marburg, München, Tübingen und Stuttgart.

1919 kommt es in Hannover zur sogenannten Revolutionserklärung: " ... Wir wollen kein Verein mehr sein, sondern eine Gesinnungsgemeinschaft ... Die Grundlage unseres Verbandes ... soll sein: Das Ideal der geistig selbständigen Frau, soziale Verantwortung, ethischer Idealismus, Bekennung zum Deutschtum ... ". Hatten sich viele Studentinnen im vergangenen Jahrzehnt mehr und mehr von der Frauenbewegung entfernt, so wird nun deren Wiedergeburt aus dem Geist der Jugendbewegung angestrebt.[147]

Ab 1926 gehört der Verband der Studentinnenvereine Deutschlands dem Deutschen Akademikerinnenbund an. Der Altmitgliederbund, dem Akademikerinnenbund angeschlossen, macht es sich zur Aufgabe, die geistige und menschliche Verbindung zwischen den Generationen zu pflegen.

Im Allgemeinen Studentenausschuß (ASTA, gegründet November 1918) arbeiten die Studentinnen vor allem auf sozialem Gebiet, indem sie sich um die aus dem Krieg heimkehrenden Kommilitonen kümmern.

Die demokratischen Kräfte, zu Zeiten der ASTA-Gründung vorwiegend von den Freistudenten vertreten, können sich nicht durchsetzen und unterliegen bald wieder der Vorherrschaft der konservativ-nationalen Korporationen.

---

[147] Vgl. Meyer-Kuhlenkampff: Zwanzig Jahre Verbandsarbeit. In: „Die Studentin". 3. Jahr. 1. August 1926. Nr. 2.

10 Studentenumzug in der Johannisstraße um 1910

Anhang

Abbe, Ernst (1840 - 1905).
Physiker und Mathematiker. Erfolgreicher Unternehmer und Sozialreformer. 1870 bis 1896 Professor der Physik an der Universität Jena. Begründer der Carl-Zeiss-Stiftung (1889). Zusammen mit seiner Frau Anna Förderer moderner Kunst, Musik und Literatur in Jena.

Auerbach, Felix (1856 - 1933).
Physiker. Privatdozent in Breslau. Ab 1889 außerordentlicher Professor der Physik an der Universität Jena.

Bäumer, Gertrud (1873 - 1954).
Sozialpolitikerin und Schriftstellerin, führende Vertreterin der bürgerlichen Frauenbewegung in Deutschland. Mitarbeiterin, später Herausgeberin der von Helene Lange (s.d.) begründeten Zeitschrift „Die Frau" (1893 - 1944). Gründet im Ersten Weltkrieg den „Nationalen Frauendienst". Mitglied des Reichstags (Demokratische Partei) von 1919 bis 1933.

Bardeleben, Karl von (1849 - 1918).
Mediziner. Seit 1878 Professor der Medizin an der Universität Jena.

Cartellieri, Alexander (1867 - 1955).
Historiker. 1902 bis 1935 Professor der Geschichte an der Universität Jena.

Damaschke, Adolf (1865 - 1935).
Volkswirt und Sozialreformer. Vorkämpfer einer bürgerlich-demokratischen Bodenreform. Seit 1898 Vorsitzender des Bundes Deutscher Bodenreformer.

Delbrück, Berthold (1842 - 1922).
Sprachwissenschaftler. 1869 bis 1913 Professor für Vergleichende Sprachwissenschaften an der Universität Jena. Ehrenbürger der Stadt Jena ab 1. August 1908.

Diederichs, Eugen (1867 - 1930).
Kulturverleger. Gründet 1896 den Verlag Eugen Diederichs, Florenz und Leipzig. Seit 1904 ständiger Wohnsitz in Jena. 1906 Bau eines eigenen Verlagshauses am Carl-Zeiß-Platz.

Eggeling, Heinrich von (1838 - 1911).
Geheimer Staatsrat. 1884 bis 1909 Kurator der Universität Jena und Ehrendoktor der medizinischen, philosophischen und theologischen Fakultät.

Eucken, Rudolf (1846 - 1926).
Seit 1874 Professor der Philosophie an der Universität Jena. Unterstützt den Kampf der Frauenrechtlerinnen des in Weimar gegründeten „Deutschen Frauenvereins Reform" um Zulassung von Frauen zur Promotion und zum Studium. Erhält 1908 für seine neuidealistische Philosophie den Nobelpreis für Literatur. Zusammen mit seiner Frau Irene Förderer moderner Kunst und Literatur in Jena.

Fuchs, Theodor (1861 - 1922).
Geheimer Oberfinanzrat. Erster Bürgermeister der Stadt Jena von 1912 bis 1922.

Glaue, Paul (1872 - 1944).
Evangelischer Theologe. Von 1911 bis 1938 Professor der Theologie an der Universität Jena.

Grisebach, Eberhard (1880 - 1943).
Philosoph. Privatdozent. Kommt 1909 auf Empfehlung Ferdinand Hodlers als Student nach Jena, promoviert und habilitiert bei Eucken. Über Jahrzehnte engagierter Förderer moderner Kunst in der Saalestadt. Von 1922 bis 1930 Professor der Philosophie an der Universität Jena.

Hauptmann, Gerhart (1862 - 1946).
Bedeutendster deutscher Dramatiker der Jahrhundertwende. Romanschriftsteller, Lyriker und Essayist. Beginnt als radikaler Naturalist ("Vor Sonnenaufgang", 1889). Vertreter des kritischen Realismus ("Die Weber", 1892). Nach 1900 Repräsentant der Neuromantik und des Symbolismus. 1912 Nobelpreis. Im Spätwerk antikisierende Dramen. Die Mitglieder des Studentinnenvereins lesen am 18. November 1913 mit verteilten Rollen das neu erschienene Drama "Festspiel in deutschen Reimen".

Lange, Helene (1848 - 1930).
Frauenrechtlerin, Schriftstellerin und Lehrerin. Übernimmt 1872 die Leitung eines Lehrerinnenseminars und begründet 1889 die Realkurse für Frauen, die 1893 in Gymnasialkurse umgewandelt werden. 1890 gründet sie mit Marie Loeper-Housse und Auguste Schmidt den Allgemeinen deutschen Lehrerinnenverein. 1893 erscheint unter ihrer Leitung die erste Ausgabe der Monatsschrift "Die Frau" (Berlin).

Locke, John (1632 - 1704).
Philosoph. Begründer des englischen Empirismus. Lehrt, daß der Ursprung der menschlichen Vorstellungen sowohl in der äußeren (sensation) wie auch der inneren Erfahrung (reflexion) liegt. Hauptwerk: "Versuch über den menschlichen Verstand" (1690).

Morse, M. Rowena (geb. 1872).
Tochter des Richters Ben Morse. Enkeltochter von Samuel Finley Breese Morse (s. d.).

Morse, Samuel Finley Breese (1791 - 1872).
Nordamerikanischer Erfinder des elektromagnetischen Schreibtelegraphen (1837) zur elektrischen Übertragung von Nachrichten.

Preller, Marie
Lehrerin an der Nordschule. 1910 bis 1917 Vorsitzende der Ortsgruppe Jena des Deutschen Bundes abstinenter Frauen.

Reger, Max (1873 - 1916).
Komponist. 1908 Ehrendoktor der Universität Jena. Seit 1906 wiederholt Gastspiele in Jena. 1914 Kauf des Hauses in der Beethovenstraße 2 (heute Beethovenstraße 6), in das er im März 1915 einzieht.

Rein, Wilhelm (1847 - 1929).
Pädagoge von internationalem Ruf. Nachfolger Herbarts. 1886 bis 1923 Professor der Pädagogik. Begründer der Jenaer Ferienkurse, Mitbegründer der Thüringer und Jenaer Volkshochschule sowie vier Jahrzehnte Leiter der "Übungsschule", an der sich Studenten aus der ganzen Welt beteiligen und die als Laboratorium der pädagogischen Neuzeit gilt. 1918 bis 1919 Rektor der Universität Jena.

Riegel, Franz
Mediziner. Professor der Medizin in Gießen.

Unrein, Otto (1862-1922).
Gymnasialprofessor. Seit 1894 verheiratet mit Ernst Abbes Tochter Gete. Ab 1909 Leiter der neu gegründeten Städtischen Höheren Mädchenschule, heute Grete-Unrein-Schule.

Weber, Paul (1868 - 1930).
Kunsthistoriker. Ab 1901 Professor für neuere Kunstgeschichte und Direktor des Stadtmuseums Jena.

Weinel, Heinrich (1874 - 1936).
Evangelischer Theologe. 1904 außerordentlicher Professor für Neues Testament an der Jenaer Universität. 1925 ordentlicher Professor der Systematischen Theologie. 1921 bis 1922 Rektor der Jenaer Universität. - Mitbegründer der Volkshochschule Thüringen.

Winkelmann, Adolf (1848 - 1910).
Physiker. Ab 1886 Professor der Physik an der Jenaer Universität. Geheimer Hofrat. Direktor der physikalischen Anstalt.

Verzeichnis der im Text erwähnten Studierenden (1902 - 1927)

Apelt, Mathilde, Weimar.

Humanistisches Gymnasium Weimar als Externe. Vorbereitung: privat. 1900 Abitur. 1904 bis 1906 Hörerin der klassischen Philologie. Bei Studienbeginn 23 Jahre alt. Vater Gymnasialdirektor, Hofrat. 1907 zum Dr. phil. promoviert. 1907 bis 1912 immatrikulierte Studentin der Philologie und Theologie. 1908 Oberlehrerexamen. Gründungsmitglied des Jenaer Studentinnenvereins. 1908 zum Altmitglied gewählt. 1910 ausgetreten. - Von 1904 bis 1906 Ziegelmühlenweg 3. 1906 bis 1908 Haeckelstr. 1. Bis 1910 Kasernenstr. 3.

Auerbach, Kaethe, geb. Reisner, Breslau.

1909 bis 1911 und 1913 Hörerin an der philosophischen Fakultät. - Von 1906 bis 1908 Mozartstr. 1. Von 1909 bis 1911 Beethovenstr. 7, ab 1913 Schillbachstr. 4.

Bergemann-Könitzer, Martha, Jena.

Bildhauerin und Kunstpädagogin. Geboren 1874 als Tochter des Jenaer Zahnarztes Könitzer. Künstlerische Ausbildung u.a. in München. 1904 Heirat und 1909 Scheidung von Paul Bergemann. Rückkehr nach Jena. Ein Sohn. Von 1910 bis 1912 Hörerin an der philosophischen Fakultät. In dieser Zeit Tanzabende des Sera-Kreises in ihrem Garten mit Atelier am Villengang 3. Zweites Atelier in Wöllnitz. Empfängt dort Freunde aus dem Sera-Kreis. Sie fertigt Porträts, Brunnen, Reliefs, Grabmäler und Denkmalfiguren. Lehrt an der Zeiß-Zeichenschule, in den Reinschen Ferienkursen und an der Jenaer Volkshochschule. 1922 bis 1934 in der Lehrerbildung, seit 1930 Lehrerin der freien Künste an der Jenaer Universität. Sie stirbt 1955 und ist auf dem Nordfriedhof in Jena beigesetzt.[148] - Ab 1911 Grietgasse 10. Von 1913 bis 1917 Villengang 3.

Büchting, Elisabeth,

Kellinghausen/Schleswig-Holstein. Realgymnasium. SS 1913 immatrikulierte Studentin der Mathematik, Physik und Geographie. Bei Studienbeginn 23 Jahre alt. Vater Regierungs- und Baurat (verstorben). 1913 bis 1914 Mitglied des Jenaer Studentinnenvereins. Paulinenstr. 19. - Dr. phil.

Delbrück, Ella, Jena.

Geb. 1865 in St.Petersburg. 1902 bis 1906 Hörerin der Philologie und Archäologie. Bei Studienbeginn 37 Jahre alt. Wohnhaft Fürstengraben 14 bei ihrem Vater, dem Professor für vergleichende Sprachwissenschaften. 1909 bis 1915 Fortsetzung der Studien als Hörerin. In dieser Zeit bereits in der Marienstr.10 wohnhaft. 1907 Ehrenmitglied des Jenaer Studentinnenvereins. 1910 Austritt. 1917, als Zweiundfünfzigjährige, Arbeit im Zentralen Frauenreferat am Kriegsministerium in Berlin.

Dieckmann, Elfriede

(später Farenholz-Dieckmann), Hannover. Von 1915 bis 1918 immatrikulierte Studentin der Mathematik und der Naturwissenschaften. Bei Studienbeginn 26 Jahre alt. Mutter Hauptmannswitwe. Nicht als Mitglied im Hauptbuch eingetragen. Ab Oktober 1917 erste Vorsitzende des Verbandes der Studentinnenvereine Deutschlands (V.St.D.). Lebt ab 1918 als Studienreferendar in Celle. Aktiv im Altmitgliederbund. - Von 1915 bis 1917 Kaiser-Wihelm-Str. 18. SS 1917 Weinbergstr.1. WS 1917/18 Johannisstr. 6.

---

[148] Traeger, Ilse. Der Jenaer Nordfriedhof. Jena 1996. S. 23

Droeder, Manja (Marie Johanna Elsa),
geb. 22. Jan. 1888 in Charkov.
Kommt aus Köln. Realgymnasium. 1906 Abitur.
Von 1909 bis 1912 immatrikulierte Studentin der
Medizin. Bei Studienbeginn 21 Jahre alt. Vater
Buchhändler. Von 1909 bis 1912 Mitglied des
Jenaer Studentinnenvereins. Verlobung 1911.
Heirat am 12. April 1912 mit dem Pastor Siegfried
Paul Hermann Rothardt. - Wohnhaft
Schillerstr. 4.

Haars, Sophie, Dobbeln bei Braunschweig.
Realgymnasium in Braunschweig. 1912 Abitur.
Von 1912 bis 1918 immatrikulierte Studentin der
Philologie. Bei Studienbeginn 20 Jahre alt. Vater
Pastor. Von 1912 bis 1913 Mitglied des Jenaer
Studentinnenvereins. SS 1913 Vorsitzende. -
Von 1913 bis 1914 Karolinenstr. 20. 1915 Am
Burggarten 3. Bis 1917 Haseweg 37. 1917 Oberer
Philosophenweg 19. 1917/18 Hausbergstr. 7.

Israel, Hertha, Staßfurt.
Realgymnasium Nordhausen. Abitur Herbst
1912. Vorbereitung in den „Gymnasialkursen für
Frauen" bei Helene Lange (s.d.), Berlin. Von 1913
bis 1919 immatrikulierte Studentin der Philosophie.
Bei Studienbeginn 20 Jahre alt. Vater Sanitätsrat.
SS 1914 Schriftführerin. Ab 1915 auswärtiges
Mitglied. - Von 1915 bis 1916 Herderstr.
20. 1916 Kaiser-Wilhelm-Str.13. Ab 1916/17
Carl-Alexander-Platz 5. - Dr. phil.

Kranz, Margarete, Bielefeld.
Cecilienschule (Realgymnasium) Bielefeld. Von
1916 bis 1917 immatrikulierte Studentin der
Jurisprudenz und Kameralwissenschaften. Bei
Studienbeginn 20 Jahre alt. Vater Pastor. Von
1916 bis 1917 Mitglied des Jenaer Studentinnenvereins.
WS 1916/17 erste Schriftführerin.
Ab Oktober 1918 zweite Vorsitzende des Verbandes
der Studentinnenvereine Deutschlands
(V.St.D.).

Krieger, Marie, Jena.
Geb. 27. April 1884 in Jena. 1912 Abitur als Externe
am Humanistischen Carl-Alexander-Gymnasium
Jena. Von 1913 bis 1915 immatrikulierte
Studentin der Medizin. Bei Studienbeginn 29
Jahre alt. Vater Oberlandesgerichtsrat (verstorben).
Von 1912 bis 1913 Mitglied des Jenaer
Studentinnenvereins. Ostern 1913 ausgetreten.
Lebt ab 1908 in eigener Wohnung, Sedanstr. 5.

Liebmann, Gertrud, Heldburg.
Reifeprüfung in Oldenburg. Von 1915 bis 1920
immatrikulierte Studentin der Naturwissenschaften.
Bei Studienbeginn 26 Jahre alt. Mutter
Oberförsterswitwe. Von 1915 bis (laut Hauptbuch)
1916, höchstwahrscheinlich aber bis 1920
Mitglied des Jenaer Studentinnenvereins. SS
1916 erste Schriftführerin. WS 1916/17 und SS
1917 erste Vorsitzende. Wohnhaft Lindenhöhe 9.

Ludewig, Antonie, Jena.
Bis 1909 Vorsteherin der Carolinenschule (private
höhere Mädchenschule), Grietgasse 17. Von
1902 bis 1906 Hörerin an der philosophischen
Fakultät. Von 1909 bis 1911 Lehrerin an der Städtischen
höheren Mädchenschule unter Leitung
von Professor Otto Unrein, ab 1912 am neueröffneten
Städtischen Lyzeum (mit Oberlyzeum
und Studienanstalt) - heute Grete-Unrein-
Schule. - Wohnhaft 1889 Wagnergasse 27.
Von 1893 bis 1895 Villengang 1. Von 1900 bis
1904 Forstweg 1. Von 1905 bis 1908 Ernst-
Haeckel-Platz 1. 1910 Forstweg 8. 1911 Normannenstr.
3. 1912 Kaiser-Wilhelm-Str. 9.

Neumann, Ilse, Lützen.
1911 Abitur in Essen. Von 1913 bis 1918 immatrikulierte
Studentin der Germanistik und Geschichte.
Bei Studienbeginn 23 Jahre alt. Vater
Pastor. Mitglied des Jenaer Studentinnenvereins.
SS 1914 bis SS 1915 Vorsitzende. - SS 1913
Paulinenstr. 19. SS 1914 Lutherplatz 7. WS 1914/
15 Grietgasse 9. SS 1915 Steiger 3a. WS 1915/
16 bis WS 1916/17 Oberer Philosophenweg 8.
SS 1917 bis WS 1917/18 Johann-Friedrich-
Straße 23. - Dr. phil.

Pietrusky, Edith, Bolkenhain.
Von 1927 bis 1931 immatrikulierte Studentin der
Philologie. Bei Studienbeginn 27 Jahre alt. Vater
Sägewerksbesitzer. Mitglied des Jenaer
Studentinnenvereins. - 1927 Erfurter Str. 60.
1927/28 Reichhardtstieg 8.

Ranke, Ermentrude von
(später von Ranke-Saemisch), Rudolstadt.
SS 1911 immatrikulierte Studentin der Philosophie. Bei Studienbeginn 18 Jahre alt. Vater Generalmajor z. D. in Rudolstadt. Nicht als Mitglied im Hauptbuch eingetragen. SS 1918 erste Vorsitzende. – Sophienstr. 1. – Dr. phil. Im WS 1927/28 Dozentin für Geschichte an der Kieler Universität mit der Vorlesung: Friedrich der Große. Übungen zur Geschichte der ostdeutschen Kolonisation.

Rassow, Käthe, Jena.
Vater Schuldirektor a.D. Hermann Rassow. SS 1909 Hörerin an der philosophischen Fakultät. – Lutherstr. 8. Ab 1910 nicht mehr nachweisbar.

Rein, Käthe, Jena.
1896 Lehrerinnenexamen in Eisenach. Von 1904 bis 1905 Leeds University. Von 1907 bis 1908 immatrikulierte Studentin der Philosophie in Jena. Bei Studienbeginn 26 Jahre alt. Vater Pädagogikprofessor Wilhelm Rein (s.d.). Gründungsmitglied des Jenaer Studentinnenvereins. Ab 1908 Altmitglied. SS 1908 University Oxford. 1910 aus dem Verein ausgetreten. – Von 1907 bis 1908 Kahlaische Str. 7 bei ihrem Vater Wilhelm Rein.

Rosenthal, Gertrud, Königsberg.
SS 1917 immatrikulierte Studentin der Philosophie. Bei Studienbeginn 21 Jahre alt. Vater Kaufmann (verstorben). Nicht als Mitglied im Hauptbuch eingetragen. – Grietgasse 18. – Dr. phil. Ab 1926 Rosenthal-Calamé.

Sauerbier, Hildegard, Braunschweig.
Von 1916 bis 1919 immatrikulierte Studentin der Philologie. Bei Studienbeginn 25 Jahre alt. Vater Lehrer. Nicht als Mitglied im Hauptbuch eingetragen. WS 1917/18 Vorsitzende. – Von 1916 bis 1918 Kaiser-Wilhelm-Str. 7. Von 1918 bis 1919 Weinbergstr. 1. – Dr. phil.

Schirmer, Gertrud
(später Schirmer-Zimmer), Kassel.
Von 1917 bis 1918 immatrikulierte Studentin der Mathematik und Naturwissenschaften. Bei Studienbeginn 22 Jahre alt. Vater Bankier in Kassel.

Nicht als Mitglied im Hauptbuch eingetragen. SS 1917 zweite Schriftführerin. Reichardtstieg 10.

Schubert, Marie-Elise, Jena.
Humanistisches Gymnasium der Helene Lange (s.d.). in Berlin. Abitur 1906. Von 1907 bis 1911 immatrikulierte Studentin der Medizin. Bei Studienbeginn 21 Jahre alt. Mutter Geheime Bauratswitwe. Von 1907 bis 1908 Mitglied des Jenaer Studentinnenvereins. 1908 zum Altmitglied gewählt. 1910 ausgetreten. - Lichtenhainer Str. 3.

Snell, Elisabeth, Dresden.
1900 französische Fachlehrerprüfung in Dresden. 1904 Abitur am Realgymnasium Leipzig. SS 1907 Hörerin an der philosophischen Fakultät. WS 1907/08 bis SS 1908 immatrikulierte Studentin der Philosophie. Bei Studienbeginn 27 Jahre alt. Mutter Professorswitwe in Roda. Gründungsmitglied des Jenaer Studentinnenvereins. Ab 1908 Altmitglied. - Von 1907 bis 1908 Gartenstr. 9. 1908 Lutherstr. 77.

Strohschein, Johanna, Jena.
Bis 1909 Vorsteherin der Schmidtschen höheren Mädchenschule, Hinter der Kirche 10. Von 1902 bis 1903 Hörerin der Kunstgeschichte. Von 1909 bis 1911 Lehrerin an der Städtischen Höheren Mädchenschule unter Leitung von Professor Otto Unrein (s.d.), ab 1912 am neueröffneten Städtischen Lyzeum (mit Oberlyzeum und Studienanstalt) – heute Grete-Unrein-Schule. – 1889 Lutherstr. 3. 1893 bis 1911 Leutrastr. 5.

Weber, Käthe, Jena.
Geb. 29 Juni 1894 in Berlin. SS 1913 Hörerin der Medizin. Von 1915 bis 1919 immatrikulierte Studentin der Medizin. Bei Studienbeginn 20 Jahre alt. Vater Professor für neuere Kunstgeschichte Paul Weber (s. d.). Mitglied des Jenaer Studentinnenvereins ab 1915. Ab Juli 1918 Vorsitzende. – 1908 Oberer Philosophenweg 8. Ab 1909 Am Landgrafen 9 bei ihrem Vater Paul Weber. – Dr. med. Freipraktizierende Ärztin in Erfurt, Roonstr. 14. Stirbt 1952 und ist im Familiengrab der Webers auf dem Jenaer Nordfriedhof beigesetzt.

Winkelmann, Elisabeth, Jena.
1912 Abitur als Externe am Carl-Alexander-Gymnasium. Von 1912 bis 1914 immatrikulierte Studentin der klassischen Philologie und Geschichte. Bei Studienbeginn 26 Jahre alt. Mutter Geheime Hofratswitwe. Von 1912 bis 1913 Mitglied des Jenaer Studentinnenvereins. – Ab 1909 im Adreßbuch als Lehrerin ausgewiesen. Stoystr. 1.

Winckler, Alma, Berlin-Charlottenburg.
Realgymnasium Berlin. 1909 Abitur. Von 1909 bis 1915 immatrikulierte Studentin der Medizin. Bei Studienbeginn 28 Jahre alt. Mutter Privatiere. Von 1909 bis 1910 und von 1912 bis 1913 Mitglied des Jenaer Studentinnenvereins. 1913 Stellvertreterin im Verwaltungsausschuß des „Fonds für ideale Interessen der Studentenschaft". Ab 1913 Altmitglied. – WS 1909/10 Gartenstr. 9. SS 1910 Wagnergasse 23. Von 1910 bis 1912 Haeckelstr. 1. WS 1912/13 Lutherstr. 14. Von 1913 bis 1915 Berggasse 1. – Dr. med.

Wyneken, Ilse, Jena.
Abitur am Realgymnasium (Studienanstalt). Von 1922 bis 1927 immatrikulierte Studentin der Physik. Bei Studienbeginn 19 Jahre alt. Mutter Doktorsfrau. Von 1922 bis 1923 Mitglied des Jenaer Studentinnenvereins. WS 1922/23 Kassenwart. – Weißenburgstr. 27.

Zehetmaier, Marie, Bad Aibling.
Vorbereitung privat und in den Mädchen-Privat-Gymnasialkursen in München. Abitur am humanistischen Gymnasium Hildburghausen. Von 1910 bis 1911 immatrikulierte Studentin der Mathematik. Bei Studienbeginn 29 Jahre alt. Vater Hausbesitzer. Mitglied des Jenaer Studentinnenvereins. Ab Mai 1911 Altmitglied. Katharinenstr. 7.

Zeitschel, Hanna, Potsdam.
Vorbereitung privat bei Dozent Fritzsche in Berlin-Charlottenburg. 1907 Abitur am humanistischen Gymnasium in Berlin-Steglitz. 1907 Lehrerinnenexamen. Von 1914 bis 1915 immatrikulierte Studentin der Philologie . Bei Studienbeginn 26 Jahre alt. Vater Oberlehrer. SS 1915 zweite Schriftführerin des Jenaer Studentinnenvereins. WS 1915/16 bis SS 1916 Vorsitzende. Herderstraße 20. – Die Kandidatin der Philosophie Hanna Zeitschel gehört dem am 13. November 1918 gegründeten Studentenausschuß[149] der Universität an und ist im WS 1918/19 dritte Vorsitzende der „Vereinigung deutscher sozialistisch gesinnter Akademiker". Im Dezember 1918 Austritt aus dem Jenaer Studentinnenverein wegen Kritik an ihrer Arbeit im Akademikerausschuß.

---

[149] Der Studentenausschuß verlangt u. a. das Proportionalwahlrecht, die unbedingte Vereins- und Versammlungsfreiheit für die Studentenschaft, eine Reform der Kolleggelder und verringerte Examensgebühren. Stadtarchiv Jena. Bestand Xr,4. S. 128

▨ Weitere im Text nicht erwähnte Mitglieder des Jenaer Studentinnenvereins
(Quelle: Inskriptionsbücher 1906/07 bis 1910, 1910 bis 1913/14, 1914 bis 1918/19 und Hauptbuch des Jenaer Studentinnenvereins)

Die Tagungsberichte in den Protokollbüchern der Jahre 1913 bis 1918 lassen auf etwa hundert Mitglieder in diesem Zeitraum schließen. 127 tragen sich ab WS 1907/08 ins Hauptbuch ein, einige – und das sind oftmals die aktivsten – tun das nicht. Manche bleiben nur ein Semester, andere mehrere Jahre. In der folgenden Aufstellung sind diejenigen aufgeführt, deren Bildungsweg und/oder soziale Herkunft ermittelt werden konnten.

Beckmann, Margarete, Solingen.
Humanistisches Gymnasium Heidelberg. WS 1908/09 immatrikulierte Studentin der Physik. Bei Studienbeginn 24 Jahre alt. Vater Kaufmann. Ziegelmühlenweg 10.

Behrens, Margarete, Oberlößnitz-Dresden.
Realgymnasium. Abitur in Leipzig. Oberlehrerin. SS 1907 immatrikulierte Studentin der Naturwissenschaften. Bei Studienbeginn 27 Jahre alt. Vater Kaufmann. – Gartenstr. 9.

Bithorn, Margarete, Merseburg.
SS 1915 immatrikulierte Studentin der Philosophie. Bei Studienbeginn 24 Jahre alt. Vater Superintendent. Nicht im Hauptbuch eingetragen. Sophienstr. 1. – Dr. phil. Studienassesor.

Doehring, Ella, Berlin.
Gymnasium Lahr. SS 1911 immatrikulierte Studentin der Medizin. Bei Studienbeginn 33 Jahre alt. Vater Gutsbesitzer. – Markt 18.

Ewert, Margarete, Marienwerder.
Oberlyzeum zu Marienwerder. WS 1915/16 immatrikulierte Studentin der Mathematik. Bei Studienbeginn 20 Jahre alt. Vater Lehrer an der Unteroffiziersschule Marienwerder. Marienstr. 29.

Helbig, Marie, Halle a. S.
Realgymnasium in Nordhausen. 1908 Abitur. WS 1909/10 immatrikulierte Studentin der Medizin. Bei Studienbeginn 29 Jahre alt. Vater Rentier. 1911 Physikum. – Saalbahnhofstr. 20.

Illig, Doris, Jena.
Realgymnasialkurse Kassel. WS 1914 immatrikulierte Studentin der Medizin. Bei Studienbeginn 19 Jahre alt. Vater Postsekretär. SS 1915 erste Schriftführerin. – St.-Jakob-Str. 8.

Karehnke, Elfriede, Danzig.
Friedrichs-Gymnasium zu Stargard. 1912 Abitur. WS 1912/13 Studium der klassischen Philologie und Geschichte. Bei Studienbeginn 19 Jahre alt. Vater Gymnasialprofessor. SS 1913 Kassiererin. Neugasse 30.

Klemm, Mathilde, Dresden.
Hospitantin des humanistischen Wettiner Gymnasiums zu Dresden. 1902 Lehrerinnenprüfung in Dresden. SS 1908 immatrikulierte Studentin der Geschichte und Germanistik. Bei Studienbeginn 24 Jahre alt. Vater Hofrat und Oberarzt. Gartenstr. 3

Pilling, Käte, Zittau.
Realgymnasium Zittau. WS 1914/15 immatrikulierte Studentin der Medizin. Bei Studienbeginn 19 Jahre alt. Vater Oberstleutnant. WS 1914/15 zweite Schriftführerin. – Humboldtstr. 15.

Roettig, Anna, Blankenburg (Harz).
1912 Abitur am Realgymnasium in Braunschweig. WS 1912/13 immatrikulierte Studentin der Philosophie. Bei Studienbeginn 19 Jahre alt. Vater Oberamtmann. SS 1913 und WS 1913/14 Schriftführerin. – Carl-Alexander-Pl. 5.

Tannenwald, Alice, Stettin.
WS 1916/17 immatrikulierte Studentin der Philosophie. Bei Studienbeginn 23 Jahre alt. Vater Kaufmann. Nicht im Hauptbuch eingetragen. Sophienstr. 8.

Veltwisch, Luise, Weimar.
Petri-Realgymnasium zu Leipzig. 1913 Abitur. SS 1913 immatrikulierte Studentin der Naturwissenschaften. Bei Studienbeginn 20 Jahre alt. Vater Baurat. WS 1913/14 bis SS 1915 Kassiererin. – Weimar, Lottenstraße 8.

Vester, Margarete, Berlin-Schöneberg.
WS 1916/17 immatrikulierte Studentin der Philosophie. Bei Studienbeginn 22 Jahre alt. Vater Vorschullehrer. Nicht im Hauptbuch eingetragen. WS 1918/19 erste Vorsitzende. - Markt 4 (Weimarischer Hof). - Ab Oktober 1917 Kandidatin der Philosophie und zweite Schriftführerin des Verbandes der Studentinnenvereine Deutschlands. – Schillergäßchen 1. – Dr.phil.

Woltereck, Käte, Hannover.
1909 Lehrerinnenzeugnis. SS 1911 immatrikulierte Studentin der Philosophie. Bei Studienbeginn 37 Jahre alt. Mutter Kaufmannswitwe. Lutherplatz 7. – Dr. phil.

Vorstandsmitglieder 1912 - 1919

SS 1912

Vorsitzende: Adelheid Körner, Weimar, stud. med., Goethestr.18
Schriftführerin: Margarethe Schenk, Gotha, stud. math., Johann-Friedrich-Str. 4
Kassiererin: Luise von Graevenitz, Waschow, stud. rer. nat., Johannisplatz 22

WS 1912/13

Vorsitzende: Maria Stücksberg, Berlin-Charlottenburg, stud. med., Schillerstr.10
Schriftführerin: Erna Bahrfeldt, Allenstein stud. med., Fürstengraben 11
Kassiererin: Erna Höffler, Hamburg, stud. rer. nat., Talstr. 9

SS 1913

Vorsitzende: Sophie Haars, Doppeln, Braunschw., stud. phil., Karolinenstr. 20
Schriftführerin: Anni Roettig, Blankenburg a.Harz, stud. phil., Karolinenstr. 20
Kassiererin: Elfriede Karehnke, Danzig, stud. phil., Neugasse 30

WS 1913/14

Vorsitzende: Elisabeth Brehmer, Lübeck, stud. chem., Ernst-Haeckel-Pl. 4
Schriftführerin: Anni Roettig, Blankenburg a. Harz, stud. phil., Karolinenstr. 20
Kassiererin: Luise Veltwisch, Weimar, stud. rer. nat., Kaiser-Wilhelm-Straße

SS 1914

Vorsitzende: Ilse Neumann, Lützen, stud. phil., Lutherpl. 7
Schriftführerin: Hertha Israel, Staßfurt, stud. phil., Herderstr.20
Kassiererin: Luise Veltwisch, Weimar, stud. rer. nat., Weimar, Lottenstr. 3

WS 1914/15

Vorsitzende: Ilse Neumann, Lützen,
stud. phil., Lutherpl. 7
1. Schriftführerin: E. Hilker, stud. phil., Jena
2. Schriftführerin: Käthe Pilling, Zittau,
stud. med., Wagnergasse 27
Kassiererin: Luise Veltwisch, Weimar,
stud. chem., Ziegelmühlenweg 10

SS 1915

Vorsitzende: Ilse Neumann, Lützen,
stud. phil., Am Steiger 3a
1. Schriftführerin: Doris Illig, Jena,
stud. med., St.-Jakob-Str. 8
2. Schriftführerin: Hanna Zeitschel, Potsdam,
stud. phil., Herderstr. 20
Kassiererin: Luise Veltwisch, Weimar,
stud. math. et rer. nat, Ziegelmühlenweg 10

WS 1915/16

Vorsitzende: Hanna Zeitschel,
stud. phil., Karl-Alexander-Platz 5
Schriftführerin: Ida Müller, Lübeck,
stud. rer. nat., E.-Haeckel-Pl. 4

SS 1916

Vorsitzende: Hanna Zeitschel, Potsdam,
stud. phil., Karl-Alexander-Pl. 5
1. Schriftführerin: Gertrud Liebmann, Jena,
stud. rer. nat., Lindenhöhe 9
2. Schriftführ.: Margarethe Ewert, Marienwerder, stud. rer. nat., Marienstr. 29
Kassiererin: Else Kaiser, Dortmund,
stud. phil., Sedanstr. 8

WS 1916/17

1. Vorsitzende: Gertrud Liebmann, Jena,
stud. math. et rer. nat., Lindenhöhe 9
1. Schriftführerin: Margarete Kranz, Bielefeld,
stud. jur. et. cam., Gartenstr.10
2. Schriftführerin: Ellen Simon, Halle a. S.,
stud. jur. et cam., Lotzstr. 1
Kassiererin: Irma Lamprecht, Potsdam,
stud. phil., Karl-Alexander-Pl. 1

SS 1917

Vorsitzende: Gertrud Liebmann, Jena,
stud. math. et rer. nat., Lindenhöhe 9
1. Schriftführerin: Else Behrend, Berlin,
stud. phil., Gartenstr. 12
2. Schriftführerin: Gertrud Schirmer, Kassel,
stud. math. , Reichardstieg 10
Kassiererin: Irma Lamprecht, Potsdam,
stud. phil., Karl-Alexander-Platz 1

WS 1917/18

Vorsitzende: Hildegard Sauerbier, Braunschweig,
stud. phil., K.-Wilh.-Str. 7

SS 1918

1. Vorsitzende: Alexandra von Ranke, Rudolstadt,
stud. phil., Paulinenstr. 23
1. Schriftführerin: Hanna Möller, Hohenbostel
a. D., stud. med., Johannisstr. 6
Kassiererin: Sophie Schiller, Osnabrück,
stud. med., Gartenstr. 6

WS 1918/19

1. Vorsitzende: Dr. Margarete Vester,
stud. phil., Weinbergstr.1
1. Schriftführerin: Eva Schmidt, Berlin-Lichter-
felde, stud. phil., Weinbergstr. 1
Kassiererin: Julie Zeidler, Braunschweig,
stud. pharm., Saalbahnhofstr. 18

■ Veröffentlichungen in der Zeitschrift „Die Studentin". Berlin, Jena u. a. Jahrgänge 1916 -1919

V. Jahrgang (1916)

Illig, Doris (i. A.): Antwort des Studentinnenvereins Jena auf das Schreiben von „Breslau". Nr. 3. S.15.

Neumann, Ilse: Fachstudium und Charakterbildung. Nr. 3. S. 16 f.

Zeitschel, Hanna: O. Ü. (Beitrag über das Jenaer Vereinsleben - U.M.). Nr. 6. S. 42.

Zeitschel, Hanna: Studentinnenverein Jena (Stellungnahme zum Artikel „Zur Führerschaft der Intelligenz" von Gabriele Reuter.-U.M.). Nr. 6. S. 43 f.

Liebmann, Gertrud und Zeitschel, Hanna: Studentinnenverein Jena (Antrag, die Verbandsleitung abwechselnd den einzelnen Verbandsvereinen zu übertragen. – U.M.). Nr. 7. S. 50.

VI. Jahrgang (1917)

Dieckmann, Elfriede: Aufruf zur Munitionsarbeit! (Autorin ist bei Erscheinen des Artikels erste Vorsitzende des Verbandes der Studentinnenvereine Deutschlands. – U.M.) Nr. 6. S.33.

Schirmer, Gertrud: Studentinnen! (Aufruf zur Beteiligung am Hilfsdienst. – U.M.). Nr. 7. S. 41.

Vorwinkel, Edith: Ein Tag in Torgau. Stimmungsbericht über den studentischen Hilfsdienst in der Munitionsarbeit. Nr. 7. S. 43 f.

Dr. Neumann, Ilse: Zur Munitionsarbeit der Studentinnen. Erfahrungen im Süptitzer Nebenartilleriedepot. Nr. 7. S. 47.

Schiller, Sophia: Deutsche soziale Fürsorge in Belgien. Nr. 8. S. 53 f.

VII. Jahrgang (1918)

Dieckmann, Elfriede: O.Ü. (Die Lage des Arbeitsmarktes...). Nr. 1. S. 2 f.

Dieckmann, Elfriede: Helene Langes 70. Geburtstag. Nr. 3. S. 22 f.

Behrend, Else: Die Studententagung in Jena. Nr. 3. S. 23 f.

Dieckmann, Elfriede: Ein Helferinnentransport in die Etappe. Nr. 4. S. 30 f.

Loebell, Theodora von: An die Verbandsvereine (Aufforderung, sich zum vaterländischen Hilfsdienst in den Frauenreferaten der betreffenden Kriegsamtstellen zu melden. – U.M.). Nr. 5. S. 43.

Dieckmann, Elfriede: Verbandstag 1918. Marburg. 4. bis 7. August. Nr. 6. S. 45 f.

Dieckmann, Elfriede: Staatsbürgerin. Nr. 7/8. S. 53 f.

VIII. Jahrgang (1919)

Ranke, Alexandra von: Was man im Studentinnenverein finden konnte. Nr. 4/5. Unpag.

Dieckmann, Elfriede: Zur Frage der praktischen Ausbildung für das höhere Lehramt. Nr. 7/8. Unpag.

Else Behrend: Grundlagen unserer Gemeinschaft! Nr. 2. Unpag.

(Das Erscheinen der Zeitschrift „Die Studentin. Verband der Studentinnenvereine Deutschlands" wurde 1919 mit dem 8. Jahrgang eingestellt und erst 1924 in der Konsolidierungsphase der Weimarer Republik unter dem Titel „Die Studentin. Eine Monatsschrift" wieder aufgenommen.)

3. Jahr. 1. Oktober 1926

Rosenthal, Gertrud: Der Buddhismus im Lichte der Keyserlingschen Weltanschauung. Nr. 4. S. 49 ff.

3. Jahr. 1. März 1927

Sauerbier, Hildegard: Die Berufsaussichten der Philologiestudentinnen. Nr. 9. S. 133 ff.

3. Jahr. 1. April 1927

Rosenthal-Calamé: Das Problem der Seelenwanderung. Nr. 10. S. 147 ff.

5. Jahr. September-Oktober 1928

Sauerbier, Hildegard: Die Berufsaussichten der Philologiestudentinnen (Fortsetzung). Nr. 3/4. S. 17 ff.

Quellenverzeichnis

Kreiskirchenamt Jena.

Taufbuch der evangelisch-lutherischen Kirchengemeinde Jena. Band 27 (1883 - 1885).

Stadtarchiv Jena.

Bestand Xr, 1. Satzungen des Studentinnenvereins Jena. Typoskript SS 1926.

Bestand Xr, 2. Hauptbuch mit den eingetragenen Mitgliedern. 1907-1923.

Bestand Xr, 3. Protokolle vom 28. VII. 1913 - 18. XII. 1916.

Bestand Xr, 4. Protokollbuch WS 1916/17 - WS 1919.

Bestand Xr, 5. Protokollbuch Nov. 1919 bis Juli 1923.

Bestand Xr, 6. Protokollbuch WS 1926/27.

Bestand Xr, 7. Schriftverkehr 1925 - 1929.

Bestand Xr, 10. Drucksachen 1926 - 1932.

Universitätsarchiv Jena.

Bestand B.A. 1788. Acta academica betreffend: die Begründung eines besonderen Fonds durch die Studierenden zur Förderung idealer Interessen 1913 - 1917.

Bestand B.A. 1789. Acta academica betreffend: die Begründung eines besonderen Fonds durch die Studierenden zur Förderung idealer Interessen 1917.

Bestand 4 C 545. Die Hörerinnen der ersten 10 Semester 1902 - 1916 an der Universität Jena.

Studentenkartei 1920 - 1935

Literaturverzeichnis

Amtliches Verzeichnis der Lehrer, Behörden, Beamten und Studierenden der Großherzogl. Herzogl. Sächsischen Gesamtuniversität Jena 1902 bis 1912, 1912 bis 1916, 1916 bis 1920.

Deutsche Verwaltungsgeschichte. Bd. 3. Das Deutsche Reich bis zum Ende der Monarchie. Hrsg.: Jeserich, Kurt. Pohl, Hans. Unruh, Georg - Christoph. Stuttgart 1983.

Deutsche Chronik. Harenberg, Bodo (Hrsg.). Dortmund 1983. 2., überarbeitete und aktualisierte Auflage 1988.

Ein altes Haus lernt niemals aus. Aus den Erinnerungen einer 80-jährigen. Festschrift zum Jubiläum der Grete-Unrein-Schule Jena. Jena 1992.

Flitner, Wilhelm. Erinnerungen 1889 - 1945. Paderborn 1986.

Geschichte der Universität Jena. Bd. I und II. Jena 1958.

Glaser, Edith. Hindernisse, Umwege, Sackgassen. Die Anfänge des Frauenstudiums in Tübingen (1904 - 1934). Weinheim 1992.

John, Jürgen. Wahl, Volker (Hrsg.). Zwischen Konvention und Avantgarde. Weimar, Köln, Wien 1995. (Hieraus insbes.:
- Hellmann, Birgitt: Paul Weber. Kunsthistoriker, Museumsgründer und Denkmalpfleger in Jena. S. 91 ff.
- Mühlfriedel, Wolfgang: Zur Struktur der Jenaer Elite in den ersten beiden Jahrzehnten des 20. Jahrhunderts. S. 233 ff.
- Schröder-Auerbach, Cornelia: Eine Jugend in Jena. S. 1 ff.
- Werner, Meike G.: Die akademische Jugend und Modernität. Zur Konstitution der Jenaer Freien Studentenschaft 1908. S. 289 ff.)

Kirchhoff, Arthur (Hrsg.). Die akademische Frau. Gutachten hervorragender Universitätsprofessoren, Frauenlehrer und Schriftsteller über die Befähigung der Frau zum wissenschaftlichen Studium und Berufe. Berlin 1897.

Koch, Herbert. Geschichte der Stadt Jena. Stuttgart 1966.

Kuhn, Anette. Mühlenbruch, Brigitte. Rothe, Valentine (Hrsg.). 100 Jahre Frauenstudium. Frauen der Rheinischen Friedrich-Wilhelms- Universität. Edition Ebersbach. Dortmund 1996.

Lexikon der deutschen Geschichte. Taddey, Gerhard (Hrsg.). 2. überarbeitete Auflage. Stuttgart 1983.

Nipperdey, Thomas. Deutsche Geschichte 1866 bis 1918. Band I. Arbeitswelt und Bürgergeist. München 1990.

Nowak, Holger. Historischer Verbindungsführer. Jena 1992.

Pierstorff, Julius. Frauenarbeit und Frauenfrage. Jena 1900.

Stier, Friedrich: Lebensskizzen der Dozenten und Professoren an der Universität Jena 1548/58 - 1958. 4 Bde. Manuskript. Jena 1960.

„Die Frau". Monatsschrift für das gesamte Frauenleben unserer Zeit. Hrsg. von Helene Lange. Jahrgänge 1911 bis 1916.

„Die Studentin. Verband der Studentinnenvereine Deutschlands". Jahrgänge 1912 bis 1918/19. „Die Studentin. Eine Monatsschrift". Jahrgänge 1924 bis 1929/30.

In eigener Sache

Stadtgeschichte im Museum.
Jena im Mittelalter.
Von Michael Platen.
Städtische Museen 1986.
43 Seiten. 99 Abbildungen.
DM 10,00.

Stadtgeschichte im Museum.
Jena von 1500 bis 1700.
Von Ilse Traeger.
Städtische Museen Jena 1988.
59 Seiten. 112 Abbildungen.
DM 10,00.

Stadtgeschichte im Museum.
Der Jenaer Weinbau in Vergangenheit
und Gegenwart.
Von Franz Linke und Peter Bühner.
Städtische Museen Jena 1989.
48 Seiten. 101 Abbildungen.
DM 10,00.

Stadtgeschichte im Museum.
Lesen und Geselligkeit.
Von Felicitas Marwinski.
Städtische Museen Jena 1991.
72 Seiten. 113 Abbildungen.
DM 12,00.

Führer durch das Stadtmuseum
„Alte Göhre" zu Jena.
Von Ilse Traeger.
Städtische Museen Jena 1990.
30 Seiten. 27 Abbildungen.
DM 4,50.

Stadtgeschichte für Kinder.
Eine Reise in das Jahr 1799. „Schiller zieht um
und andere merkwürdige Begegnungen".
Ein Stadterkundungs-, Geschichts- und Malbuch.
Von Birgitt Hellmann und Petra Weigel.
Städtische Museen Jena 1990.
42 Seiten. 63 Abbildungen.
DM 6,00.

Mein erstes Semester in Jena.
Ottmar Rommels Tagebuchaufzeichnungen aus
dem Winter 1821/1822 mit Federzeichnungen
von Rudolf Beck.
Von Birgitt Hellmann und Petra Weigel.
Städtische Museen 1991.
133 Seiten. 52 Abbildungen.
DM 12,80.

Der romantische Aufbruch.
Die Frühromatiker in Jena.
Ein Museumsführer von Klaus Schwarz.
Städtische Museen Jena 1991.
42 Seiten. 18 Abbildungen.
DM 10,00.

Die Jenaer Stadtansichten bis 1880.
Katalog aus den Sammlungen der Bestände
der Städtischen Museen Jena
Von Birgitt Hellmann.
Städtische Museen Jena 1992.
78 Seiten. 142 Abbildungen.
DM 32,00.

Historischer Verbindungsführer.
Neubearbeitet und eingeleitet von
Holger Nowak.
Städtische Museen Jena 1992.
34 Seiten. 31 Abbildungen.
DM 12,00.

Raku Workshop.
Redaktion und Text von Heidrun Bolz.
Städtische Museen Jena 1992.
52 Seiten. 43 Abbildungen.
DM 12,00.

Magister Adrian Beiers Jehnische Chronika 1600 – 1672.
Bearbeitet von Ilse Traeger.
Städtische Museen Jena 1989.
96 Seiten. 24 Abbildungen.
DM 10,00.

Die Schlacht bei Jena und Auerstedt am 14. Oktober 1806.
Text von Holger Nowak, Katalog & Bibliographie von Birgitt Hellmann.
Städtische Museen Jena 1994.
96 Seiten. 110 Abbildungen.
DM 32,00.

Die vier mittelalterlichen Wehranlagen auf dem Hausberg bei Jena.
Text von Matthias Rupp
Städtische Museen Jena 1995.
110 Seiten. 60 Abbildungen.
DM 32,00.

Wilhelm Wagenfeld: gestern, heute, morgen.
Lebenskultur im Alltag.
Städtische Museen Jena 1995.
174 Seiten. 245 Abbildungen.
DM 39,00.

Porzellanmanufaktur Burgau a. d. Saale Ferdinand Selle 1901 – 1929.
Von Bernd Fritz und Birgitt Hellmann.
Städtische Museen Jena 1997.
160 Seiten. 193 Abbildungen.
DM 49,00 (Buchhandelspreis 60,00 DM).

In der Reihe „Dokumentation" erschienen

Ernst Ludwig Kirchner in Jena.
Von Petra Weigel.
Städtische Museen Jena 1993.
48 Seiten. 77 Abbildungen.
DM 12,00.
-vergriffen-

Ausländische Zivilarbeiter in Jena 1940 bis 1945.
Von Evelyn Halm und Margitta Ballhorn.
Städtische Museen Jena 1995.
48 Seiten. 47 Abbildungen. 1 Plan.
DM 12,00.

Henry van de Velde in Jena.
Von Petra Weigel-Schieck.
Städtische Museen Jena / Glaux-Verlag Jena 1996.
64 Seiten. 61 Abbildungen. 2 Pläne.
DM 19,80.

Lexikon zur Schlacht bei Jena und Auerstedt 1806.
Von Hellmann/Nowak/Queiser.
Städtische Museen Jena 1996.
200 Seiten. 100 Abbildungen.
DM 24,80.

Im Bewußtsein weiblicher Art leben und arbeiten.
Frauenstudium und Jenaer Studentinnenverein.
Von Ursula Martin.
Städtische Museen Jena 1997.
48 Seiten. 16 Abbildungen.
DM 15,00.

Zu bestellen im:
Stadtmuseum Jena
07743 Jena, Markt 7
Telefon/Fax (0 36 41) 44 32 45
Preise zuzüglich Porto.
bei Abnahme ab 5 Exemplaren aus dem Gesamtangebot gewähren wir 30% Rabatt.